FAMILIEN
TOUREN

16 deutsche Städte
mit der Bahn entdecken

In Kooperation mit **DB**

Bernd Pieper

FAMILIEN
TOUREN

16 deutsche Städte mit der Bahn entdecken

J.P. BACHEM VERLAG

Dieses Buch ist in enger Kooperation mit der DB Fernverkehr AG
entstanden.

Die Adressen und Angaben im Serviceteil des Buchs wurden vom
Autor sorgfältig recherchiert und vom Verlag geprüft.
Wir bitten um Verständnis, dass Verlag und Autor keine Garantie
für die Richtigkeit der Angaben übernehmen können. Für Korrektur-
hinweise sind wir sehr dankbar.

Bibliografische Information der Deutschen Nationalbibliothek
Die Deutsche Nationalbibliothek verzeichnet diese Publikation in der
Deutschen Nationalbibliografie; detaillierte bibliografische Daten
sind im Internet über http://dnb.ddb.de abrufbar.

1. Auflage 2018
© J.P. Bachem Verlag Köln, 2018
Lektorat: Frauke Severit, Berlin
Umschlaggestaltung und Innenlayout: Cindy Kinze, Köln
Illustrationen: Frank Robyn-Fuhrmeister
Illustrationen DB-Icons: Sascha Wüstefeld
Druck: Grafisches Centrum Cuno, Calbe
Printed in Germany

ISBN 978-3-7616-3218-5 Buchausgabe
ISBN 978-3-7616-3265-9 EPUB
ISBN 978-3-7616-3266-6 PDF
ISBN 978-3-7616-3267-3 MOBI

Aktuelle Programminformationen finden Sie unter
www.bachem.de/verlag

Inhalt

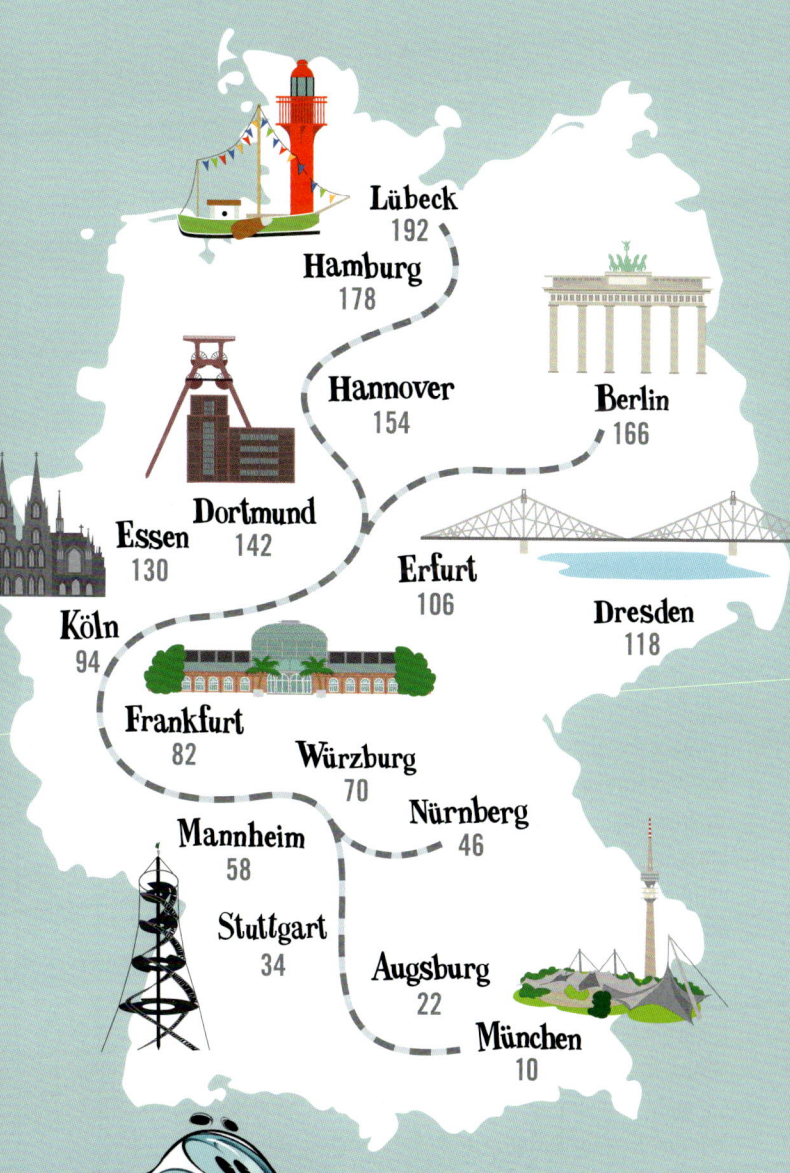

VORWORT

Liebe kleine und große Deutschlandentdecker,

wenn ich unseren Junior frage, was er sich am allermeisten wünscht, dann ist es gemeinsame Zeit mit Mama und Papa. Nichts geht über ein unvergessliches Abenteuer mit der ganzen Familie. Und welches sind die besten Abenteuer? „Gemeinsam verreisen", sagt mein Sohn und da können seine Mutter und ich ihm nur beipflichten. Nun sind Urlaubstage ja bekanntlich rar gesät. Umso besser ist, dass Deutschland fantastische Ziele bietet, die sich einfach und stressfrei an einem Wochenende bereisen lassen. Gerade Deutschlands Metropolen bieten Familien ein abwechslungsreiches und kindgerechtes Programm auch jenseits der großen Sehenswürdigkeiten. Zudem bietet jede Stadt spannende, skurrile und lustige Fakten, die bei weitem nicht nur uns Erwachsene zum Staunen und Schmunzeln bringen.
Nur wie anreisen? Gerade auf dem Weg in Großstädte sind Stau, Langeweile auf dem Rücksitz und Parkplatzprobleme vorprogrammiert. Da geht die Erholung schnell schon bei der Anreise verloren. Wenn ich meinen Sohn frage, gibt es natürlich nur eine Antwort. Und die hat – Ehrenwort – nichts damit zu tun, dass ich für die Bahn arbeite. Unser Sohn hat festgestellt, dass der Urlaub mit Mama und Papa bereits mit dem Einstieg in den Zug beginnt, wenn wir mit der Bahn unterwegs sind. Er hat auch bemerkt, dass Mama und Papa deutlich entspannter ans Ziel gelangen, wenn sie nicht angestrengt auf die Straße starren, sondern Kaffee trinken, im Internet surfen, Filme im ICE Portal schauen, mit Sohnemann spielen oder das Bordbistro besuchen. Da wird aus einem

„Wann sind wir endlich da?" während der Autofahrt ein „Müssen wir schon aussteigen?" am Ende der Bahnfahrt. Außerdem liebt er das Kinderbetreuungsangebot an Bord. Auch wenn uns mal die Ideen ausgehen, hier kommt nie Langeweile auf. Das gilt natürlich besonders für den Familienbereich, in dem auch die größeren Kinder unterwegs sind.

Mit dem Unterhaltungsangebot extra für Kinder rund um unseren DB Kinderhelden „den kleinen ICE" ist die Reise im Nu verflogen. Mit dem Kindermagazin „LeseLok", dem Reisemalbuch, der Kinderapp „der kleine ICE", mit Spielen, Filmen und Hörspielen im ICE Portal und mit den Figuren vom kleinen ICE und seinen Freunden, die es bei jeder Reise im Bordbistro gibt, sind wir schneller da, als Junior lieb ist. Und das alles kostenlos.

Bleibt mir, Ihnen und Euch eine gute Reise und viele tolle und unvergesslich schöne Reiseabenteuer mit der ganzen Familie zu wünschen, vielleicht treffen wir uns im Kleinkindabteil oder im Familienbereich.

Herzliche Grüße
Dr. Michael Peterson

Vorstand Marketing
DB Fernverkehr AG

ÜBER DIESES BUCH

Deutsche Reiseziele liegen bei Familien seit Jahren im Trend. Kein Wunder, schließlich gibt es bei uns besonders für Kinder viele spannende Orte zu entdecken! Dafür muss man nicht immer mehrere Wochen unterwegs sein, oft reicht auch ein Kurztrip am Wochenende, um den Kids Unterhaltung und sogar das ein oder andere Abenteuer zu bieten. Das gilt erst recht für abwechslungsreiche Städtereisen!

Wir haben für dieses Buch 16 familiengerechte Städtetrips quer durch Deutschland zusammengestellt, die für die Anreise mit der Bahn konzipiert sind. Weltbekannte und hippe Metropolen wie Berlin, München oder Hamburg sind natürlich dabei, aber auch vielfach unterschätzte Städte wie Mannheim, Würzburg oder Dortmund, wo die Kleinen zahllose Highlights entdecken können. Für jede Stadt stellen wir zwei familienfreundliche Tagestouren vor, die nicht nur zu den wichtigsten Sehenswürdigkeiten führen, sondern auch viele Geheimtipps beinhalten. So können die Kids im Erfahrungsfeld in Nürnberg ihre Sinne testen, sich im AirHop in Essen beim Trampolinspringen austoben oder im Kindermuseum Zinnober in Hannover dem Geheimnis des Magnetismus auf die Spur kommen. Die Tourenvorschläge sind selbstverständlich nur Anregungen, die nach eigenen Vorstellungen kombiniert und den Bedürfnissen der Kinder angepasst werden können.

Um sich in der fremden Stadt zurechtzufinden, haben wir die Ziele einer jeden Tour in einen illustrierten Stadtplan eingezeichnet. Hier ist auch die Gesamtzeit, die für die Wege zwischen den einzelnen Zielen zu Fuß und mit öffentlichen Verkehrsmitteln benötigt werden, angegeben. Für detailliertere Informationen ist es jedoch hilfreich, einen Stadtplan im Gepäck zu haben oder sich einfach mit dem Smartphone navigieren zu lassen.

Alle wichtigsten Adressen mit Angaben zu Öffnungszeiten und Eintrittspreisen werden am Ende eines jeden Kapitels aufgelistet. Eine Pause für die Kinder oder etwas für den kleinen Hunger gefällig? Auch daran ist gedacht, denn wir bieten ausreichend Ideen für kinderfreundliche Rast-, Einkehr- und Übernachtungsmöglichkeiten. Und sollte das Wetter einmal schlecht sein — kein Problem, denn wir liefern ebenfalls spezielle Tipps für zahlreiche Indoor-Aktivitäten. Ob in Museen, Zoos, Parks oder in Schwimmbädern — Spaß und Spannung sind bei den Kids mit diesem vielfältigen Angebot auf jeden Fall vorprogrammiert!

Jetzt wünschen wir viel Spaß bei gelungenen und unterhaltsamen Familienwochenenden mit der Rasselbande!

München

Alle sind begeistert von München, vor allem Familien. Liegt es an der Sonne, den Alpen vor der Haustüre, dem nahen Italien? Oder an der unvergleichbaren Mischung aus Kultur und Natur, aus Großstadt und Dorf – oder einfach nur am lässigen Charme der Münchner? Unsere Kinder lieben vor allem die action – ob im Olympiapark, an der Isar oder in der Bavaria Filmstadt.

Am Eisbach im Englischen Garten

TOUR 1

Toben, flanieren und staunen – Englischer Garten und Deutsches Museum

Vom Hauptbahnhof fahren wir mit der Buslinie 150 in zehn Minuten bis zur Haltestelle „Giselastraße" in Schwabing. Das einstige Bohème- und Künstlerviertel – unter anderem wurde hier 1911 die Künstlergruppe „Der Blaue Reiter" mit Franz Marc und

Blick über eine der charmantesten Großstädte Deutschlands

Wassily Kandinsky gegründet – rund um die belebte Leopoldstraße ist mittlerweile eine eher ruhige Wohngegend mit vielen Cafés und Restaurants. Ein weiterer Pluspunkt ist die unmittelbare Nähe zum **Englischen Garten**, einem der größten innerstädtischen Parks der Welt. Der wurde gegen Ende des 18. Jahrhunderts nach dem Vorbild englischer Landschaftsgärten entlang der Isar angelegt und ist bis in die Gegenwart der Tummelplatz vieler Einheimischer, sobald die Temperaturen in München ansteigen. Eigentlich ungerecht, denn auch im Winter ist der Englische Garten ein bezaubernder Ort.

Doch heute ist es warm und dennoch bleibt Platz genug für uns und alle anderen Besucher des Englischen Gartens, sich so richtig auszutoben. Das werden wir in den nächsten zwei Stunden auch tun: Auf der großen Wiese am Kleinhesseloher See lassen wir die Frisbeescheibe fliegen, gönnen uns anschließend eine Erfrischung im Biergarten am Chinesischen Turm, schauen den Wellenreitern am Eisbach zu, probieren verschiedene Spielplätze aus, halten unsere müden Füße in den Schwabinger Bach und staunen immer wieder über die vielen stillen Orte, die es selbst an warmen Wochenendtagen im Englischen Garten gibt.

Wir orientieren uns in Richtung Süden und kommen, vorbei

Der Chinesische Turm im Englischen Garten

am Amerikanischen Generalkonsulat, zum Hofgarten. Der wurde am Anfang des 17. Jahrhunderts unter Herzog Maximilian I. nach dem Muster italienischer Renaissancegärten angelegt und lädt mit seinen Kieswegen, Brunnen und Blumenbeeten zum Flanieren ein. Doch wir haben noch einiges vor, und so laufen wir rund zehn Minuten in östlicher Richtung, vorbei am Haus der Kunst, über die Prinzregentenstraße und die Luitpoldbrücke auf die andere Seite der Isar. Dort halten wir uns rechts und wandern für eine Viertelstunde durch die Maximiliansanlagen zum Maximilianeum, dem Sitz des bayerischen Parlaments.

Nach ein paar weiteren Schritten entlang der Isar taucht vor uns ein modernes Gebäude auf: das Kulturzentrum Gasteig, mit rund 1,8 Millionen Besuchern jährlich einer der meistbesuchten Orte für kulturelle Veranstaltungen in Deutschland. Wir biegen nach links ab in die Preysingstraße und laufen bis zur Hausnummer 69, wo wir im **PreysingGarten** auch zur Mittagszeit noch ausführlich frühstücken können – und nicht nur das. Während wir uns in die Speisekarte mit vielen leckeren Produkten aus der Region vertiefen, vergnügen sich die Kinder auf dem Spielplatz vor der Tür des Restaurants.

Satt und zufrieden raffen wir uns auf, um die nächste Station zu besuchen. Dafür laufen wir wieder durch die Preysingstraße in Richtung Isar, biegen rechts in die Maximiliansanlagen ein und kommen über eine Brücke nach rund 15 Minuten zum auf einer Isarinsel gelegenen **Deutschen Museum**. Das gilt als eines der größten naturwissenschaftlich-technischen Museen weltweit und verhilft mit seinen mehr als 30 thematischen Ausstellungen auch technischen Laien wie uns zu diversen Aha-Momenten. Und während wir Erwachsenen über die Nachbildung der nordspanischen Altamira-Höhle mit ihren faszinierenden Felsenmalereien staunen, uns über die verschiedenen Formen der Energieerzeugung informieren oder in die Zukunftsvisionen der Nano- und Biotechnologie eintauchen, verschwinden die Jüngeren im Kinderreich. Dort war Langeweile ein Fremdwort, erfahren wir später bei den atemlos vorgetragenen Berichten über Flaschenzüge, Riesengitarren und eine selbst gebastelte Unterwasserwelt.

Nach einem Imbiss im **Museumscafé** verlassen wir die Isarinsel und laufen über den im Sommer blumengeschmückten Gärtnerplatz knapp 20 Minuten durch das hippe Glockenbachviertel zur U-Bahn-Station „Sendlinger Tor", wo wir in die U3 steigen und in fünf Minuten wieder bis zur Station „Giselastraße" fahren. Wir verlassen die Station in Fahrtrichtung und biegen links in die Franz-Joseph-Straße ein, wo wir uns im Jugendtheater **Schauburg** das Stück „Pünktchen und Anton" anschauen wollen. Die Schauburg gilt als ein etwas „anderes" Theater, das seine jungen Besucher ernst nimmt und mit anspruchsvollen Inszenierungen fordert. Diesem Anspruch wird „Pünktchen und Anton" durchaus gerecht, doch auch der Spaß kommt keineswegs zu kurz.

Spielen, ausprobieren und staunen im Deutschen Museum

Olympiapark mit **SEA LIFE**

DB

Hauptbahnhof

START

START

🚊 10 Min.

🚊 10 Min.

🚊 50 Min.

TOUR 1

TOUR 2

So schnell ist man am Ziel:

👩‍👧 zu Fuß

🚊 mit ÖPNV

München

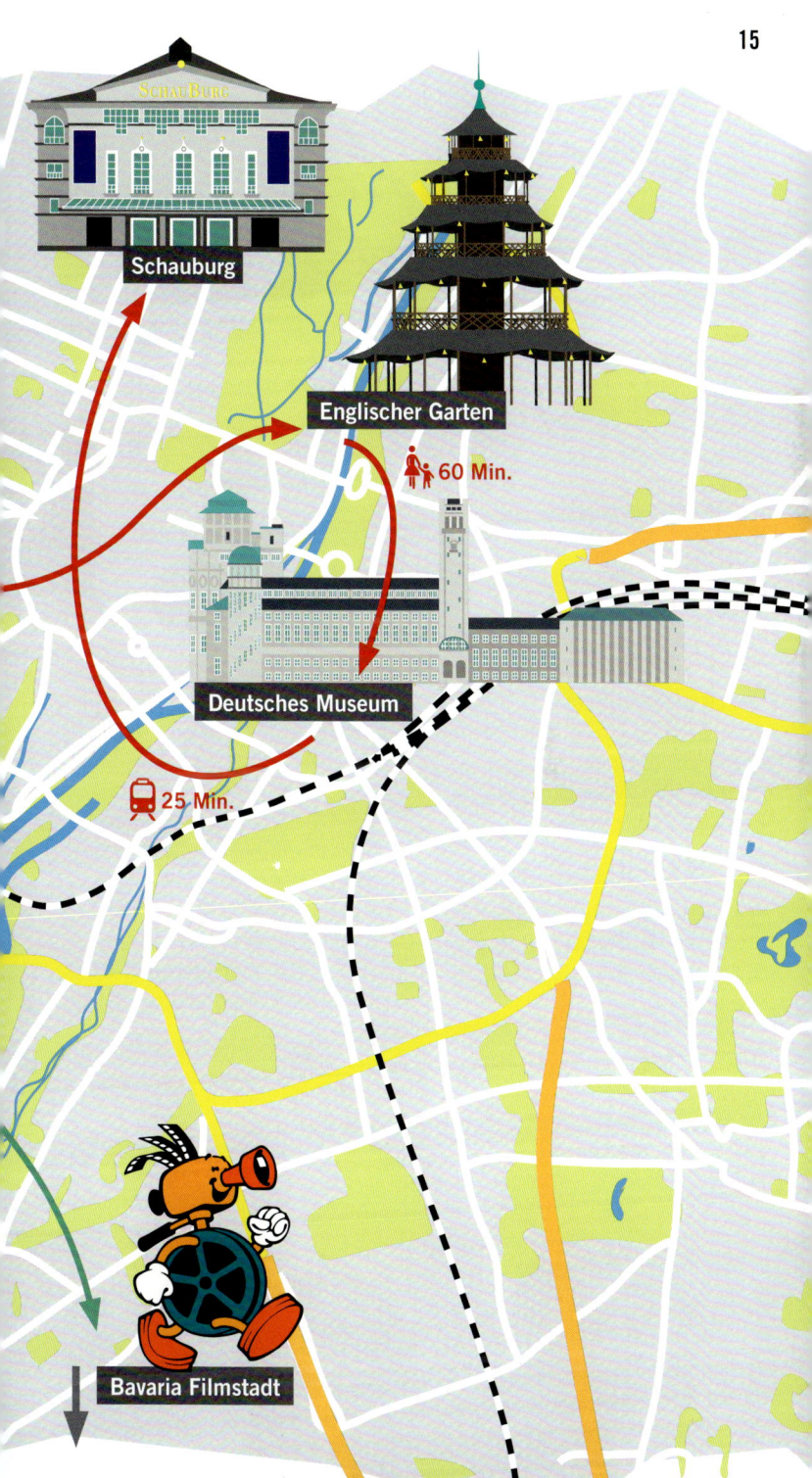

Schauburg

Englischer Garten

👩‍👧 60 Min.

Deutsches Museum

🚊 25 Min.

Bavaria Filmstadt

Wusstet Ihr, …

… dass der Münchner Hauptbahnhof der deutsche Bahnhof mit den meisten Gleisen (34) ist?

… dass im etwa 30 Kilometer nördlich von München gelegenen Freising das weltweit einzige Weißwurstdenkmal steht?

GUTE NACHT!

Leonardo Royal Hotel

Das Leonardo Royal Hotel München liegt auf dem historischen Gelände von Münchens erstem Flugplatz Oberwiesenfeld. Von hier ist es nicht weit zu Attraktionen wie dem Olympiapark oder Sea Life. Genau das Richtige für Kinder bis 12 Jahre, die im Zustellbett kostenlos bei ihren Eltern übernachten.

Moosacher Straße 90
80809 München
Tel. 089/28 85 38-0
www.leonardo-hotels.de/leonardo-royal-hotel-munich

Sheraton im Westpark

Acht geräumige Familienzimmer, viel Platz zum Spielen und Toben, leckere Kinder-Menüs, ein wunderbarer Blick aus riesigen Panoramafenstern über die „Weltstadt mit Herz" und mit dem Westpark eine der schönsten Grünanlagen Münchens direkt vor der Tür – noch Fragen? Babyfon vergessen? Gibt es an der Rezeption.

Garmischer Straße 2
80339 München
Tel. 089/51 96-0
www.sheratonwestpark.com

Die Türme der Frauenkirche

Blick über den Olympiapark

Entdecken und staunen – Olympiapark und Bavaria Filmstadt

Nachdem alle gut geschlafen haben, starten wir früh vom Hauptbahnhof mit der U8 zum **Olympiapark** (Haltestelle „Olympiazentrum"), den wir nach zehn Minuten erreichen. Das Gelände der Olympischen Sommerspiele 1972 mit dem weltberühmten Zeltdach über dem Olympiastadion ist heute eine weitläufige Parkanlage mit einer Vielzahl an Freizeitangeboten. Um einen Überblick zu bekommen, fahren wir auf die rund 190 Meter hoch gelegene Aussichtsplattform des Olympiaturms. Vor unseren Augen öffnet sich ein weites Panorama bis zu den Alpen und es fällt schwer, wieder den Aufzug nach unten zu nehmen. Doch schließlich haben wir uns da oben einiges vorgenommen: Wir wollen den Hügel auf der anderen Seite des Olympiasees erklimmen, je nach Wetter eine Runde Boot fahren, das architektonisch immer noch bemerkenswerte Olympiastadion besichtigen, Ort vieler weiterer sportlicher Großereignisse wie des Fußball-WM-Finales 1974 oder des Fußball-EM-Finales 1988, und zum Schluss vielleicht noch im **SEA LIFE** mit seinen mehr als 20 Haiarten vorbeischauen.

Nachdem wir dieses straffe Programm absolviert haben, gönnen wir uns eine kurze Pause im **Olympiapark-Bistro**. Es herrscht Einigkeit darüber, dass wir hier durchaus noch länger bleiben könnten – beim nächsten Mal. Aber schließlich steht noch eine spektakuläre Station auf dem Plan, nämlich die **Bavaria Filmstadt**. Die erreichen wir in einer rund 50-minütigen Fahrt mit der U3 (bis „Scheidplatz"), der U2 (bis „Silberhornstraße") und der Straßenbahn 25 (bis

„Bavariafilmplatz"). Hier gönnen wir uns zunächst eine rund 90-minütige Führung, bei der wir verschiedene Original-Filmkulissen erleben (unter

NICHTS WIE HIN!

Streifzug durch die Kontinente – im Tierpark Hellabrunn

Mehr als 750 Tierarten können im Tierpark Hellabrunn bestaunt werden. Seit 1928 leben hier die Tiere „ihren" Kontinenten entsprechend in großzügigen und naturnahen Anlagen zusammen. Hellabrunn gilt damit als der weltweit erste Geo-Zoo. Für Kinder gibt es ein Streichelgehege, zwei Spielplätze und das Kinderland Hellabrunn mit mehreren Fahrgeschäften und leckeren Süßigkeiten. In unmittelbarer Nähe zum Tierpark liegen am Isarabschnitt „Flaucher" die schönsten innerstädtischen Badeplätze mit vielen malerischen Kiesbänken.

Tierpark Hellabrunn
Tierparkstraße 30
81543 München
Tel. 089/62 50 80
www.hellabrunn.de
Öffnungszeiten: *1. Apr.–29. Okt. tägl. 9–18 Uhr,*
30. Okt.–23. März tägl. 9–17 Uhr,
24. und 31. Dez. 9–16 Uhr
Eintritt: *Erwachsene 15 €, erm. 6 €,*
kl. Familienkarte 19 €, gr. Familienkarte 33 €

anderem das Klassenzimmer aus „Fack ju Göhte"), spannende Informationen über die Entstehung von Filmen bekommen und einige Szenen in Originalkulissen sogar selbst nachspielen können. Jetzt fühlen wir uns beinahe als Filmexperten, merken aber beim anschließenden Besuch des 4-D-Erlebnis-Kinos mit dem Animationsfilm „Wild West Mine Ride", dass wir gerade in Sachen Filmtechnik noch Laien sind. Dagegen wirkt das „Bullyversum", ein Streifzug durch die Ideenwelt von Regisseur und Schauspieler Michael „Bully" Herbig, geradezu konventionell – ist aber ebenso lustig wie die Filme des Namensgebers. Und beim Snowboard Ride „Lissi und die wilde Kaiserfahrt" kommen wir dann auch wieder in den Genuss der 4-D-Technik.

So ein Wochenende in München muss auch kulinarisch stilecht zu Ende gehen. Deshalb setzen wir uns in die Straßenbahn 25 und fahren in rund 40 Minuten bis zur Haltestelle „Max-Weber-Platz". Unweit davon liegt der **Hofbräukeller**, mit großem Biergarten, selbst gebrautem Bier und diversen Klassikern der heimischen Küche, vor deren Genuss man sich auf jeden Fall ein „Mogndratzerl" – einen Appetithappen vorweg – gönnen sollte. Die Kinder genießen Currywurst oder Fleischpflanzerl und vergnügen sich anschließend im „Kinderland" des Hofbräukellers mit Bällchenbad, einer Leseecke und weiteren Attraktionen.

Oben Selbst aktiv werden in der Bavaria Filmstadt
Unten Im Klassenzimmer von „Fack ju Göhte"

NICHTS WIE HIN!

Hoch hinaus – DAV-Kletterzentrum

Das Kletter- und Boulderzentrum des Deutschen Alpenvereins in München ist mit 7.800 Quadratmetern Kletterfläche eine der größten Kletteranlagen weltweit und eignet sich mit seinem riesigen Indoor-Bereich auch für Tage mit Schmuddelwetter. An den bis zu 18 Meter hohen künstlichen Bergwänden trainieren Profis und Anfänger. Kinder haben hier ihr eigenes Abenteuer-Kletterreich, mit Piratenschiff, Kletterburg, Brücken und versteckten Gängen. Die einmalige Anmeldung ist notwendig, aber unkompliziert.

DAV Kletter- und Boulderzentrum München-Süd
Thalkirchner Straße 207
81371 München
Tel. 089/18 94 16 30
www.kbthalkirchen.de
Öffnungszeiten: *Mo–Fr 7–23 Uhr,*
Sa, So, Feiertage 8–23 Uhr
Preise: *siehe Website*

ADRESSEN

München Tourismus
Herzog-Wilhelm-Straße 15
80331 München
Tel. 089/23 39 65 00
www.einfach-muenchen.de

SEHENSWERT

Bavaria Filmstadt
Bavariafilmplatz 7
82031 Geiselgasteig bei München
Tel. 089/64 99-20 00
www.filmstadt.de
Öffnungszeiten: tägl. 9–18 Uhr
Eintritt: siehe Website

Deutsches Museum
Museumsinsel 1
80538 München
Tel. 089/21 79-333
www.deutsches-museum.de
Öffnungszeiten: tägl. 9–17 Uhr
Eintritt: Erwachsene 11 €, Kinder
(6–15 Jahre) 4 €, Familienkarte 23 €

Olympiapark
Olympiapark München GmbH
Spiridon-Louis-Ring 21
80809 München
Tel. 089/30 67-0
www.olympiapark.de
Öffnungszeiten Olympiaturm: tägl.
9–24 Uhr, letzte Auffahrt 23.30 Uhr
Eintritt: Erwachsene 7 €, erm. 5 €,
Familienkarte 18 €

Öffnungszeiten Olympiastadion:
siehe Website
Eintritt: Erwachsene 3,50 €, Jugendliche
(unter 16 Jahren) 2,50 €, Familienkarte
8,50 €, Kinder unter 6 Jahren frei

Schauburg
Theater der Jugend am Elisabethplatz
Franz-Joseph-Straße 47
80801 München
Tel. 089/23 33 71-61
www.schauburg.net

SEA LIFE München
Willi-Daume-Platz 1
80809 München
Tel. 01806/66 69 01 01
www.visitsealife.com
Öffnungszeiten: Mo–Fr 10–17 Uhr,
Sa, So 10–18 Uhr, Feiertage, Schulferien
Bayern tägl. 10–18 Uhr
Eintritt: siehe Website

LECKER

Hofbräukeller
Innere Wiener Straße 19
81667 München
Tel. 089/45 99 25-0
www.hofbraeukeller.de
Öffnungszeiten: tägl. 10–24 Uhr

PreysingGarten
Preysingstraße 69
81667 München
Tel. 089/688 67 22
www.preysinggarten.com
Öffnungszeiten: Di–Fr 10–1 Uhr,
Sa, So, Feiertage 9–1 Uhr

Augsburg

Passt scho – dieser sympathisch zurückhaltende Ausdruck grundsätzlicher Zustimmung soll typisch sein für den Augsburger. Der hat allen Grund, mit seiner Stadt zufrieden zu sein: Hier gibt es reichlich Wasser, viel Natur – Augsburg gilt als eine der „grünsten" Großstädte Deutschlands –, prächtige Renaissancebauten, ein Kletterparadies für Jung und Alt sowie die berühmte Augsburger Puppenkiste, auch heute noch eine Attraktion für die ganze Familie.

TOUR 1

Eiskanal und Fribbe – Familienspaß auf dem und im Wasser

Bei schönstem Wetter treffen wir am Augsburger Hauptbahnhof ein. Der ist etwas in die Jahre gekommen und wird derzeit im Rahmen des Erneuerungsprojekts „augsburg city" modernisiert: Künftig sollen hier der Fernverkehr, der regionale Zugverkehr und der Straßenbahnbetrieb optimal miteinander verzahnt werden.

Wir laufen durch die Halderstraße in wenigen Minuten bis zum Königsplatz und steigen dort in die Straßenbahn 6, die uns in

Kattas im Augsburger Zoo

zehn Minuten zur Station „Am Eiskanal" bringt. Dort folgen wir der gleichnamigen Straße entlang des Lechs bis hin zum **Eiskanal**, der ersten künstlich angelegten Wildwasserstrecke in Deutschland. Seit den Olympischen Spielen 1972 gilt Augsburg als ein Mekka des internationalen Kanusports, bis heute werden hier Welt- und Europameisterschaften ausgetragen. Es ist viel los auf den sechs Trainingsstrecken, fasziniert sehen wir den Wasserakrobaten dabei zu, wie sie die starke Strömung und schwere Hindernisse scheinbar mühelos überwinden.

Bei der anschließenden Wanderung durch den Siebentischwald zum **Augsburger Zoo** lauschen wir den Kindern, die offenbar eine neue Sportart für sich entdeckt haben. Können wir gut verstehen. Im Zoo gibt es jedoch genug Ablenkung, vor allem die quirligen Kattas ziehen uns in ihren Bann. Unsere Kinder drehen eine Runde mit dem „Zoobähnle" und vergnügen sich auf dem Abenteuerspielplatz. Dass dabei alle ins Schwitzen kommen, ist kein Problem, schließlich haben wir ja noch eine Abkühlung vor uns.

Über die Siebentischstraße laufen wir in nur zehn Minuten zum **Fribbe**. Das ist ein ganz besonderes Freibad: Bereits 1893 wurde hier am Lechkanal „Kaufbach" eine Badeanstalt eröffnet, deren Besuch

Sport und Vergnügen auf den Trainingsstrecken des Augsburger Eiskanals

Wo sind bloß die anderen?

damals ausschließlich Männern vorbe-
halten war. Heute steht die rund 300 Meter
lange Naturstrecke jedem und jeder offen, der
oder die keine Angst vor ordentlich frischem Flusswasser hat.
Auch sonst gibt es im weitläufigen Fribbe mit Tischtennis, Be-
achvolleyball oder Boccia ein umfassendes Freizeitangebot für
die ganze Familie, das wir gern nutzen.
Nach einem langen Tag an der frischen Luft sind wir jetzt hungrig.
Wir verlassen das Fribbe, laufen ein paar Meter entlang der
Friedberger Straße und steigen an der Haltestelle „Hochschule"
in die Straßenbahn 6. Nach zwei Stationen wechseln wir am Königsplatz in die 1 und fahren in rund zehn Minuten bis „Lechhausen
Schlößle". Von dort sind es nur noch rund 500 Meter die Neuburger
Straße hinauf bis zum **Bayerischen Wirt**. Hier gibt es eine ausgesprochen leckere, regional orientierte Bioküche und für die Kinder
kleinere Portionen, einen Spielplatz und viele Spielgeräte – ein
schöner Tagesabschluss.

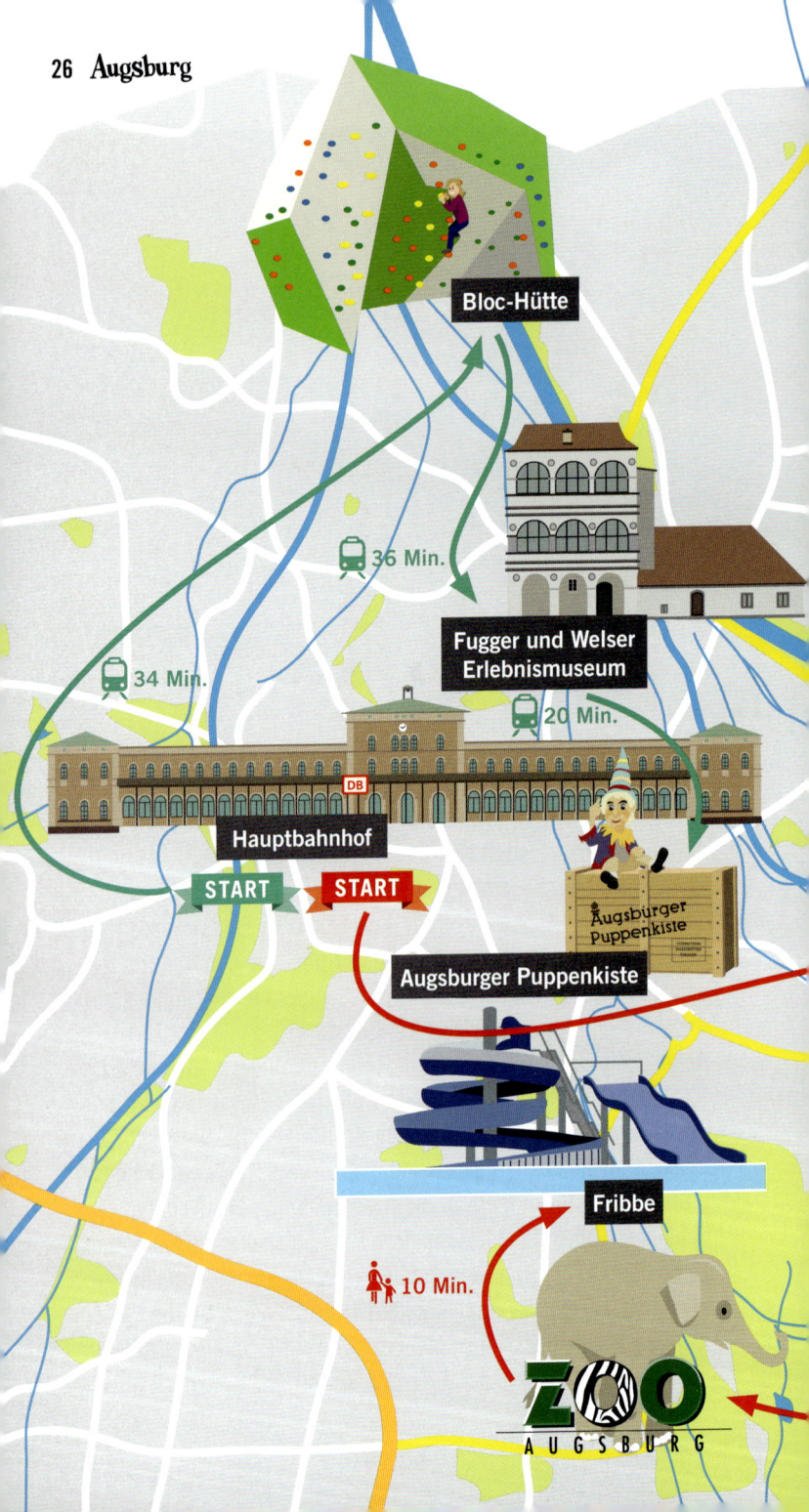

Bloc-Hütte

🚋 36 Min.

🚋 34 Min.

Fugger und Welser
Erlebnismuseum

🚋 20 Min.

Hauptbahnhof

START   START

Augsburger Puppenkiste

Fribbe

🚶 10 Min.

ZOO
AUGSBURG

Augsburg

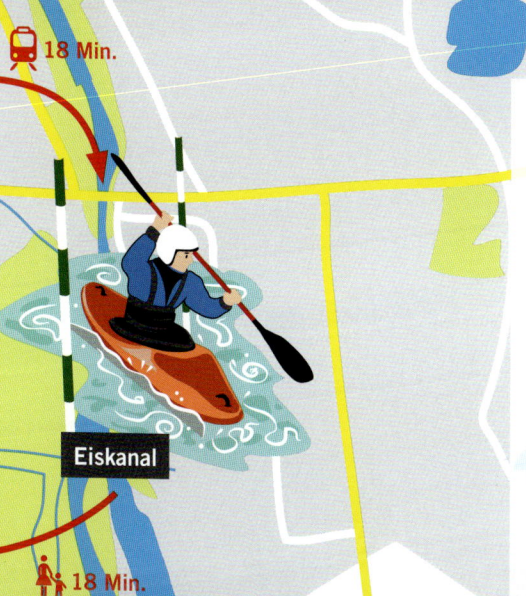

 18 Min.

Eiskanal

18 Min.

TOUR 1

TOUR 2

So schnell ist
man am Ziel:

 zu Fuß

 mit ÖPNV

Wusstet Ihr, …

… dass an einer Fußgängerampel in der Nähe der Augsburger Puppenkiste ein grüner Kasper zum Gehen auffordert?

… dass es in Augsburg mehr Brücken gibt als in Venedig?

GUTE NACHT!

Dorint Kongresshalle

Mit seiner markanten Turmarchitektur, schön gestalteten Zimmern und einem gemütlichen Relax-Spa-Bereich ist das Hotel ein komfortables Domizil für Entdeckungstouren durch die Fuggerstadt. Ein Kind bis 11 Jahre kostet nichts extra.

Imhofstraße 12
86159 Ausburg
Tel. 0821/59 74-0
www.hotel-augsburg.dorint.com/de

Die Turmspitze des
Hohen Doms zu Augsburg

Ringhotel Alpenhof

Wenn eine komplette Familie kommt, wird eines der größeren Zimmer im Alpenhof als Mehrbettzimmer eingerichtet. Die Doppelzimmer verfügen alle über eine bequeme Schlafcouch, die bei Bedarf zum Zustellbett umfunktioniert wird. Wird dem Nachwuchs mal langweilig, kann er sich im hoteleigenen Schwimmbad austoben. Kinder erhalten gestaffelt nach Alter pro Übernachtung eine Ermäßigung.

Donauwörther Straße 233
86154 Ausburg
Tel. 0821/42 04-0
www.alpenhof-hotel.de

*Kletterspaß
in der Bloc-Hütte*

TOUR 2

Tradition für jedes Alter –
Fugger und Puppenkiste

Wir haben wie die Murmeltiere geschlafen und sind so fit genug für die erste Herausforderung des Tages. Jetzt wollen wir klettern, dafür steigen wir am Hauptbahnhof in die S4 und fahren 15 Minuten bis zur Haltestelle „Drentwettstraße". Wir folgen der Donauwörter Straße in Fahrtrichtung, biegen rechts in die Dieselstraße ein und überqueren die Wertach. Dann gehen wir links in die Austraße und kommen zu unserem Ziel, der **Bloc-Hütte**. Diese Indoor-Kletteranlage eignet sich tatsächlich für die ganze Familie und ist ein schönes Ziel auch für die trübe Jahreszeit. Es gibt Routen mit unterschiedlichen Schwierigkeitsgraden und sogar einen Kinder- und Kleinkinderbereich. Wer nicht mehr klettern will, kann auf einem gespannten Seil, der „Slackline", seine koordinativen Fähigkeiten verbessern oder in den „Chill-out-Bereichen" von steilen Alpenwänden träumen. Auf jeden Fall haben große und kleine Alpinisten außerordentlich viel Spaß, und am Ende unseres Augsburg-Besuchs wird noch nicht feststehen, ob unsere Kinder demnächst lieber klettern oder Kanu fahren wollen.

Kinderführung im Fugger und Welser Erlebnismuseum

Jetzt lockern wir erst mal unsere vom Klettern angespannten Beinmuskeln und laufen zunächst die Austraße und dann die Innere Uferstraße hinab, immer entlang der Wertach. Ein paar Schritte nach links in die Wertachstraße, dann steigen wir an der Haltestelle „Senkelbach" in die S2 und fahren rund zehn Minuten bis zum „Mozarthaus". Dort biegen wir links ab in das Äußere Pfaffengässchen und kommen zum **Fugger und Welser Erlebnismuseum**. Das stieß bei der Planung zwar nicht auf die ungeteilte Begeisterung unserer jüngeren Mitreisenden, aber ein Besuch in Augsburg wäre ohne einen Blick auf die Geschichte der mächtigen Handelsdynastie einfach nicht vollständig. Und unser Hinweis, dass Jakob Fugger im 16. Jahrhundert als der reichste Mann der Welt galt, weckt dann doch ein gewisses Interesse.

NICHTS WIE HIN!

Bunte Vielfalt – im Botanischen Garten

Im wahrsten Sinne des Wortes ein „Evergreen" ist der bereits 1936 als Stadtgärtnerei angelegte Botanische Garten in Augsburg. Mehr als 3.000 Pflanzenarten in verschiedenen Themengärten, stille Winkel und weitläufige Grünflächen, tropische Schmetterlinge in den Gewächshäusern, ein großer Spielplatz sowie ein Biergarten machen den Botanischen Garten zu einem idealen Ausflugsziel für die ganze Familie.

Botanischer Garten
Dr.-Ziegenspeck-Weg 10
86161 Augsburg
Tel. 0821/32 46 03-8
www.botanischer-garten-augsburg.de
Öffnungszeiten: *1.–30. Apr. 9–19 Uhr, 1. Mai–15. Aug. 9–21 Uhr, 16. Aug.–15. Sept. 9–20 Uhr, 1.–31. März und 16. Sept.–15. Okt. 9–18 Uhr, 16. Okt.–28. Febr. 9–17 Uhr*
Eintritt: *Erwachsene 3,50 €, erm. 3 €, Familienkarte 7 €*

In der Ausstellung lernen wir dann, dass auch damals schon Kommunikation bzw. Beziehungen die Garanten für wirtschaftlichen Erfolg waren und die so oft zitierte „Globalisierung" nicht erst in unserer Zeit begonnen hat. Die Kinder dürfen viel anfassen und ausprobieren und freuen sich über die wüsten Beschimpfungen, mit denen Martin Luther die Fugger und ihre Handelspraktiken bedachte. Doch Jakob Fugger tat auch Gutes, etwa mit der Gründung der Fuggerei. In den 142 Wohnungen dieser historischen Reihenhaussiedlung leben auch heute noch bedürftige Augsburger, die pro Jahr nur 88 Cent Kaltmiete zahlen und dreimal pro Tag für die Fugger beten müssen.

Wir steigen am „Mozarthaus" wieder in die S2 und fahren in sieben Minuten bis zum „Königsplatz". Gleich nebenan liegt dort in der Hermanstraße das **Café Samocca**, mit eigener Kaffeerösterei, vielen süßen und herzhaften Leckereien sowie Malsachen und Spielzeug für die Kinder. Im Samocca arbeiten auch Menschen mit Behinderung, im Shop gibt es unter anderem Kleinigkeiten aus Werkstätten für Menschen mit Behinderung sowie fair gehandelten Kaffee.

Zum würdigen Finale unseres Augsburg-Trips besuchen wir jetzt die **Augsburger Puppenkiste**. Dafür müssen wir nur wenige Stationen mit der S2 bis zur Haltestelle „Rotes Tor" fahren. Zunächst schwelgen wir im Museum „Die Kiste" in Erinnerungen an Jim Knopf und Kater Mikesch. Dann erfüllen wir uns einen alten Traum und sehen uns eine Aufführung live an – „Die Bremer Stadtmusikanten" sorgen dafür, dass auch unsere Kinder als Fans der Augsburger Puppenkiste nach Hause fahren.

Oben Hinter dieser Tür werden Erinnerungen wach.
Unten Kasperl auf der Kiste

ADRESSEN

Tourist-Information Augsburg
Rathausplatz 1
86150 Augsburg
Tel. 0821/50 20 70
www.augsburg-tourismus.de

SEHENSWERT

Augsburger Puppenkiste
Spitalgasse 15
86150 Augsburg
Tel. 0821/45 03 45-0
www.augsburger-puppenkiste.de
Öffnungszeiten Museum: Di–So 10–19 Uhr
Eintritt Museum: Erwachsene 4,50 €,
erm. 3,50 €, Kinder 2,90 €,
Familienkarte 11,40 €

Bloc-Hütte
Austraße 35
86153 Augsburg
Tel. 0821/65 05 98 00
www.bloc-huette.com
Öffnungszeiten: Mo, Di 14–22.30 Uhr,
Mi–Fr 11–22.30 Uhr, Sa 10–22.30 Uhr,
So, Feiertage 9–21 Uhr
Eintritt: Erwachsene 9,80 €, Kinder
(6–13 Jahre) 6,50 €, Kinder (3–5 Jahre)
3,50 €, Familienkarte 23 €

Eiskanal
Spickelstraße 1
86161 Augsburg
www.eiskanal-augsburg.de

Fribbe
Siebentischstraße 4
86161 Augsburg
Tel. 0821/32 49 83-2
www.augsburg.de/freizeit/baden/
freibaeder/fribbe/

Öffnungszeiten: 20.–31. Mai und 4.–10.
Sept. tägl. 11–19 Uhr, 1. Juni–31. Juli
Mo–Fr 10–20 Uhr, Sa, So, Feiertage
9–20 Uhr, 1. Aug.–3. Sept. tägl. 9–20 Uhr
Eintritt: Erwachsene 3,70 €, erm. 2,60 €,
Kinder (7–18 Jahre) 2 €, Kinder unter
7 Jahren 0,60 €, Familien 6,10 €

Fugger und Welser Erlebnismuseum
Äußeres Pfaffengässchen
86152 Augsburg
Tel. 0821/50 20 70
www.fugger-und-welser-museum.de
Öffnungszeiten: Di–So, Feiertage
10–17 Uhr
Eintritt: Erwachsene 6 €, erm. 5 €,
Familienkarte 12 €, Kinder unter
7 Jahren frei

Zoologischer Garten Augsburg
Brehmplatz 1
86161 Augsburg
Tel. 0821/56 71 49-0
www.zoo-augsburg.de
Öffnungszeiten: Jan., Febr., Nov., Dez.
tägl. 9–16.30 Uhr, März, Okt. tägl.
9–17 Uhr, Apr., Mai, Sept. tägl. 9–18 Uhr,
Juni–Aug. tägl. 9–18.30 Uhr
Eintritt: Erwachsene 10 €, erm. 9 €,
Kinder (3–15 Jahre) 5 €, Familienspar-
karte (6 Kinder, 4 Erwachsene) 54,50 €

LECKER

Bayerischer Wirt
Neuburger Straße 122
86167 Augsburg
Tel. 0821/79 09 75-0
www.bayerischer-wirt.de
Öffnungszeiten: Mo–Sa 7–23 Uhr,
So, Feiertage 7–15 Uhr

Kaffeerösterei Café Samocca
Hermanstraße 8
86150 Augsburg
Tel. 0821/45 52 64-0
www.samocca-augsburg.de
Öffnungszeiten: Mo–Mi, Fr 10–18 Uhr,
Do, Sa 10–24 Uhr, So 10–17 Uhr

Stuttgart

Hier ist alles gut zu erreichen – auch für die kleinsten Familienmitglieder. Direkt vor dem Stuttgarter Hauptbahnhof beginnt die Königsstraße, eine große Shoppingmeile, auf der wir in wenigen Minuten zum riesigen Schlossplatz laufen. Dabei überlegen wir, was wir über Stuttgart wissen: Porsche und Mercedes bauen hier ihre Autos, es gibt wahnsinnig viel Kultur, den VfB und die Kehrwoche. Stimmt – das ist aber längst nicht alles. Wir wollen die berühmte Wilhelma besuchen, auf den Fernsehturm klettern und den Höhenpark am Killesberg erobern.

Ganz hoch hinaus – Fernsehturm und Planetarium

Für unsere erste Tour steigen wir am Hauptbahnhof in die U1 und fahren in nicht einmal zehn Minuten zum Marienplatz. Dort wartet eine historische Attraktion auf uns: die Stuttgarter Zahnradbahn – von den Einheimischen liebevoll „Zacke" genannt – aus dem Jahr 1884, eine von nur noch vier betriebenen Zahnradbahnen in Deutschland und die einzige, die in den Nahverkehr einer Großstadt integriert ist.

Der Schlossplatz im Herzen von Stuttgart

Langsam ruckeln wir den Berg hinauf zum Stadtteil Degerloch. Am Zahnradbahnhof steigen wir aus und laufen durch die Jahnstraße in knapp 20 Minuten zum 217 Meter hohen Stuttgarter **Fernsehturm**. Das heutige Wahrzeichen Stuttgarts wurde bereits 1956 in Betrieb genommen, wirkt immer noch sehr elegant und gilt als Ur-Modell der Fernsehtürme in aller Welt. In nur 44 Sekunden bringt uns der Aufzug auf die Besucherplattform in rund 150 Metern Höhe – beson-

Beinahe ragt er in die Wolken …

ders unsere kleinen Mitreisenden freuen sich über das eigenartige Gefühl im Magen. Nach einem kleinen Imbiss im Panoramacafé geht es wieder hinab, auf dem Spielplatz unterhalb des Turms können sich die Kinder erst mal austoben.

Nach einem kurzen Fußweg durch ein schönes Waldstück kommen wir zur Haltestelle „Fernsehturm" und steuern mit den Stadtbahnlinien 7 und 14 (Umsteigen am Hauptbahnhof) in knapp 30-minütiger Fahrt unser nächstes Ziel an:

Oben links *Familienglück bei den Somali-Wildeseln*
Oben rechts *Bergregenwald im Amazonienhaus*
Unten *Putzig und irgendwie cool: Erdmännchen*

Die **Wilhelma** ist eine gelungene Kombination aus Tierpark, botanischem Garten und historischem Park, die es so kein zweites Mal auf der Welt gibt. Besonders interessant sind das Menschenaffenhaus, das Aquarium mit Terrarium und Krokodilhalle und der Teich im Maurischen Garten mit seinen gewaltigen Seerosen. Wir schauen bei der Fütterung der Seelöwen zu, gruseln uns ein wenig vor dem Sumatra-Tiger und testen dann in der Kinderturn-Welt, ob wir selbst – mit etwas Hilfe – wie ein Känguru hüpfen oder wie ein Stirnlappenbasilisk klettern können.

ZOO

Wir können uns kaum losreißen von den fast 10.000 Tieren, doch die Zeit drängt, schließlich haben wir im **Planetarium** Karten für eine Vorstellung gebucht. Gut, dass wir mit der U14 in nur sechs Minuten da sind (Station „Neckartor"). Wir hatten die Qual der Wahl zwischen den „Kosmischen Kollisionen", der „Mission Rosetta" und weiteren Angeboten, haben uns aber für die „Sommersterne über Stuttgart" entschieden. Schließlich wollen wir, wenn wir später ins Hotel zurücklaufen, den Himmel über uns entschlüsseln können. Das werden wir bestimmt, denn das UNIVERSARIUM, das leistungsstärkste Planetariumsgerät der Firma Zeiss, liefert eindrucksvolle und unvergessliche Bilder.

Nach diesem Trip in andere Welten haben wir Hunger. Das **Mezzogiorno** soll genau das Richtige sein für einen schönen Tagesabschluss. Außerdem ist es nur zehn Minuten Fußweg vom Planetarium entfernt. Wir laufen vorbei an der großen Baustelle für den neuen Stuttgarter Hauptbahnhof und finden kurze Zeit später auf der Terrasse des Restaurants einen freien Tisch. Der Tipp eines Freundes war gut: klassische italienische Küche, guter Wein, freundliche Bedienung und der Stadtgarten zum Toben und Kalorienverbrennen direkt vor dem Haus – was will man mehr?

Kuppelsaal mit Universum im Planetarium

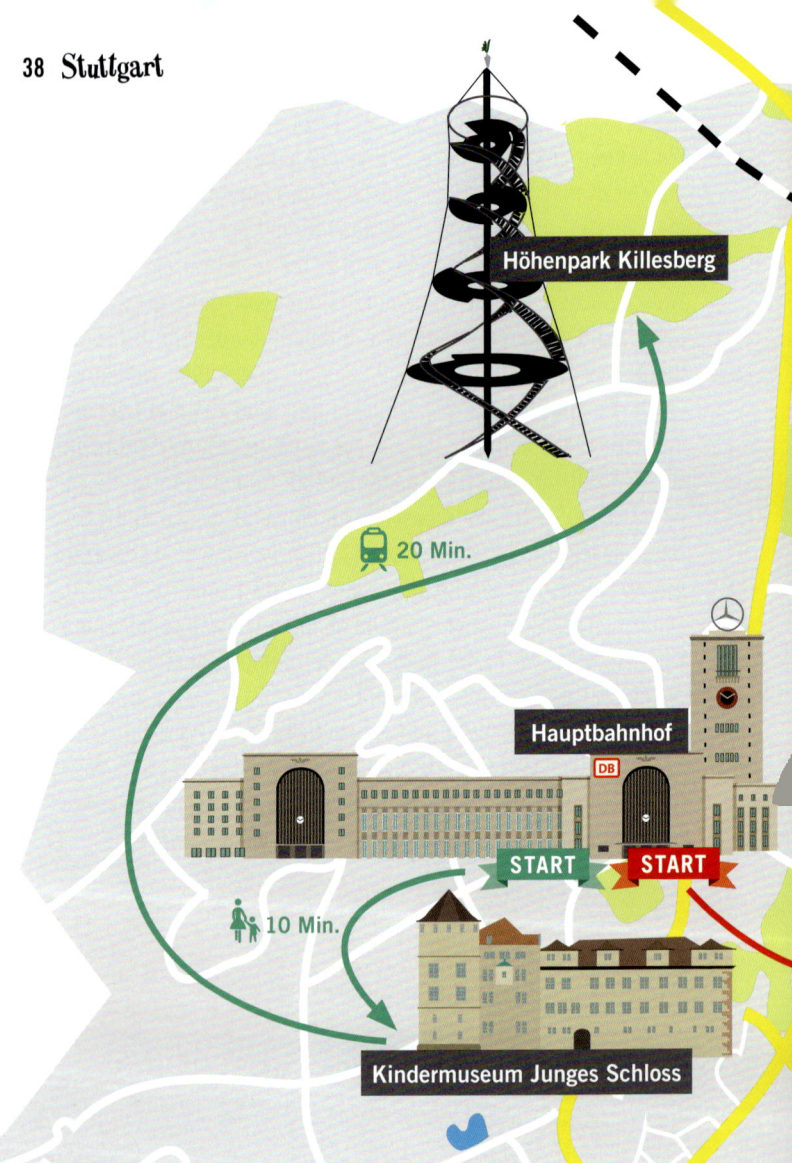

Höhenpark Killesberg

🚆 20 Min.

Hauptbahnhof

DB

START

START

🚶 10 Min.

Kindermuseum Junges Schloss

Stuttgart

ZOO

Wilhelma

🚈 6 Min.

Carl-Zeiss-Planetarium

🚈 28 Min.

🚈 30 Min.

Fernsehturm

TOUR 1

TOUR 2

So schnell ist
man am Ziel:

🚶 zu Fuß

🚈 mit ÖPNV

Wusstet Ihr, …

… dass von den einzelnen Baustellen für den neuen Stutt-garter Hauptbahnhof mehrere Tausend geschützte Eidechsen in neue Quartiere umgesiedelt wurden?

… dass eine wichtige Szene des Hollywood-Blockbusters „The Avengers" in Stuttgart spielt – das dafür in Cleveland (USA) nachgebaut wurde?

… dass der Name Stuttgart von „Stutengarten" stammt, einem Pferdegestüt aus dem 10. Jahrhundert?

GUTE NACHT!

SI-Suites

Das SI-Centrum ist ein Erlebnis-center in Stuttgart-Möhringen mit Musical-Theater, Restaurants und weiteren Attraktionen. Wer in den SI-Suites übernachtet, kann sich also über zahlreiche Freizeitan-gebote freuen. Familien entspan-nen sich gern in den geräumigen Kids-Suiten mit einem separaten Kinderzimmer mit Hochbett, Spiel-sofa sowie einem Kinderwasch-becken im Badezimmer.

Plieninger Straße 101–107
70567 Stuttgart
Tel. 0711/72 78 50
www.si-suites.de

Zur Weinsteige

Das gemütliche und familien-geführte Hotel hat komfortable Mehrzimmer-Apartments im An-gebot, in denen bis zu fünf Perso-nen schlafen können. Hier haben Kids und ihre Eltern ausreichend Platz zur freien Entfaltung und zur Erholung. Im Innenhof kön-nen die Kinder spielen oder die farbenprächtigen Koi-Karpfen im Teich bewundern.

Hohenheimer Straße 28–30
70184 Stuttgart
Tel. 0711/236 70 00
www.zur-weinsteige.de

Abendstimmung über den Dächern von Stuttgart

*Im Jungen Schloss:
Jetzt werden Straßen gebaut!*

TOUR 2

Super-Schwaben und super Ausblick –
Junges Schloss und Höhenpark Killesberg

Am Morgen ist das Wetter eher durchwachsen. Macht aber nichts, schließlich ist unsere erste Station „indoor". Da wir am Abend von dort nach Hause fahren, schließen wir unser Gepäck am Hauptbahnhof ein und laufen nur wenige Hundert Meter über die sonst rappelvolle, aber am heutigen Sonntag nahezu menschenleere Königsstraße zum Schlossplatz. Das Neue Schloss oder das Landesmuseum besuchen wir ein anderes Mal, heute geht es ins **Kindermuseum Junges Schloss**. Im Rahmen einer Familienführung wollen wir schwäbische Helden kennenlernen – die „Sieben Super-Schwaben", zu denen unter anderem der Dichter Friedrich Schiller und der Fußballer Sami Khedira gehören. Deshalb werden wir auch auf eine Torwand schießen und dürfen an weiteren Mitmachstationen unseren Beitrag zum Gelingen des Museumsbesuchs leisten – ein Prinzip, das uns viel Spaß macht und das bei jeder der wechselnden Ausstellungen im Jungen Schloss gilt.

Diesen Ausblick (links) hat man vom Killesbergturm (rechts).

Als wir auf den Schlossplatz treten, scheint die Sonne. Ideal für einen Ausflug in den **Höhenpark Killesberg**, den wir vom Hauptbahnhof aus mit der U5 in zehn Minuten erreichen. In dem weitläufigen Areal blühen die Sommerwiesen, doch es blüht hier oben ohnehin das ganze Jahr über, dafür sorgen schon die fleißigen Gärtnerinnen und Gärtner. Bereits von Weitem ist der Killesbergturm zu sehen, den wir natürlich sofort besteigen, um uns einen Überblick zu verschaffen. Dass der Turm dabei leicht mitschwingt, ist vom Ingenieur so gewollt und bringt nach einem kurzen Stirnrunzeln zusätzlichen Spaß.

Von hier oben sehen wir nicht nur das VfB-Stadion unten in Bad Cannstadt, sondern auch die meisten der Attraktionen auf dem Killesberg, die wir in den nächsten Stunden ansteuern werden. Wir können es kaum erwarten, den kleinen Tierpark, die vielen Spielplätze, den historischen Jahrmarkt, den See mit Flamin-

gos und anderen Vögeln, das Rosenparadies und noch vieles
mehr zu besuchen. Und wir sehen auch das „Bähnle", mit dem
wir eine Parkrunde drehen. So ein Tag auf dem Killesberg macht
hungrig, deshalb beschließen wir unseren Parkbesuch im **Höhen-
café**. Bei Maultaschen, Spätzle und anderen schwäbischen Leckereien, die es auch als Kinderportionen gibt, genießen wir den
Blick von der Sonnenterasse und beschließen, Stuttgart schon bald
wieder einen Besuch abzustatten.

Links *Klassische schwäbische Küche*
Rechts *Auch Alpakas leben im Höhenpark.*

NICHTS WIE HIN!

Familien- und Freizeitbad Fellbach
Hier gibt es das komplette Paket, vor allem für kühle und ungemütli-
che Tage. Das Familien- und Freizeitbad Fellbach glänzt mit Wellness,
Sauna sowie einer Erlebniswelt mit mehreren angenehm temperierten
Becken, heilender Sole und zahlreichen Wasserattraktionen. Wer seine
Kinder sucht, sollte bei den drei Riesenrutschen nachschauen. Und
wer ein Schwimmbad tatsächlich nur zum Schwimmen besuchen will,
ist natürlich auch willkommen.

Esslinger Straße 102, 70734 Fellbach
www.f3-fellbach.de, **Öffnungszeiten und Eintritt:** *siehe Website*

NICHTS WIE HIN!

Sensapolis

Drachen jagen im Märchenschloss, kraxeln im zwölf Meter hohen Klettergarten, Abenteuer bestehen auf dem Adventure Trail oder die Welt verstehen bei spannenden Experimenten im „Edutainment-Bereich". Der Rennfahrernachwuchs tummelt sich auf der E-Kartbahn Sensadrom, die Jüngeren probieren sich erst mal auf den Rolly Toys aus. Und alle zusammen haben großen Spaß auf einer der 16 Riesenrutschen oder in der Weltraumausstellung. Und während der Nachwuchs mit den Attraktionen des Indoor-Spielplatzes glücklich ist, chillen die Eltern in der Lounge auf dem Dach des Märchenschlosses.

Melli-Beese-Straße 1, 71063 Sindelfingen
www.sensapolis.de, **Öffnungszeiten und Eintritt:** *siehe Website*

ADRESSEN

Tourist Information i-Punkt Stuttgart
Königsstraße 1 A
70173 Stuttgart
Tel. 0711/22 28 10-0
www.stuttgart-tourist.de

SEHENSWERT

Carl-Zeiss-Planetarium Stuttgart
Willy-Brandt-Straße 25
70173 Stuttgart
Tel. 0711/21 68 90-15
www.planetarium-stuttgart.de
Öffnungszeiten: Termine der Vorstellungen siehe Website, Einlass jeweils eine Stunde vor Beginn
Eintritt: Erwachsene 5 € vormittags, 8 € nachmittags und abends, erm. 5 €, Laser- und Musikshows (keine Ermäßigung) 8 €

Fernsehturm Stuttgart
Jahnstraße 120
70597 Stuttgart
www.fernsehturm-stuttgart.de
Öffnungszeiten: Mo–Do 10–23 Uhr, Fr–So, Feiertage 9–23 Uhr, letzte Auffahrt 22.30 Uhr
Eintritt: Erwachsene 7 €, erm. 4 €, Kinder (6–15 Jahre) 4 €, Kinder unter 6 Jahren frei, Führungen je Person 10,50 €

Höhenpark Killesberg
www.stuttgart.de/hoehenpark-killesberg
Öffnungszeiten: tägl. durchgehend
Eintritt: frei

Kindermuseum Junges Schloss
Altes Schloss, Schillerplatz 6
70173 Stuttgart
Tel. 0711/89 53 51 11
www.junges-schloss.de
Öffnungszeiten: Di–So 10–17 Uhr
Eintritt: Kinder bis 4 Jahre kostenlos, Kinder (4–17 Jahre) 5 €, Gruppen ab 10 Kindern 2,50 €, Erwachsene 8 €, erm. 5 €, Familienkarte 13 €

Wilhelma
Zoologisch-Botanischer Garten Stuttgart
Wilhelma 13, 70376 Stuttgart
Tel. 0711/54 02 0
www.wilhelma.de
Öffnungszeiten: siehe Website
Eintritt: Erwachsene 16 €, erm. 10 €, Kinder (6–17 Jahre) 8 €, Familienkarte I 24 €, Familienkarte II 40 €

LECKER

Höhencafé Killesberg
Thomastraße 101/Höhenpark
70192 Stuttgart
Tel. 0711/256 05 20
www.hoehencafe.de
Öffnungszeiten: Di–So 10.30 Uhr bis Einbruch der Dunkelheit

Mezzogiorno
Kriegsbergstraße 55
70174 Stuttgart
Tel. 0711/29 50 89
www.mezzo-giorno.de
Öffnungszeiten: Mo–Do 11–24 Uhr, Fr, Sa 11–1 Uhr, So 11–23 Uhr

Nürnberg

Der Christkindlesmarkt ist eine Attraktion für große und kleine Nürnberg-Besucher. Und auch die Kaiserburg ist ein tolles Ausflugsziel, vom Blick über die Stadt bis hin zu Kinderführungen durch die alten Gänge. Doch Nürnberg hat noch viel mehr zu bieten, etwa eine charmante Altstadt und zahlreiche interessante Museen.

TOUR 1

Spielen und staunen – Erfahrungsfeld und Turm der Sinne

Los geht es am Nürnberger Hauptbahnhof mit seiner markanten Kuppel. Wir überqueren den Bahnhofsvorplatz, laufen rechts vorbei am Verlagsgebäude der „Nürnberger Nachrichten" und kommen durch die Badstraße nach insgesamt einer Viertelstunde Fußweg zur Wöhrder Wiese, einer großen Grünanlage entlang der Pegnitz. Hier soll ein Biber leben, jedenfalls wird vor brüchigen Bäumen und Baumstämmen gewarnt. Ob wir ihn zu Gesicht bekommen? Aber

Die Kaiserburg über Nürnberg

wir sind ja nicht wegen des großen Nagers hier, wir wollen das **Erfahrungsfeld** besuchen.

Erfahrungen kann man schließlich nie genug machen. Und deshalb stürzen wir uns auf die rund 100 Erlebnisstationen, befriedigen unsere Neugierde und lassen unserer Kreativität freien Lauf. Wir schwingen auf der Partnerschaukel, testen unseren Gleichgewichtssinn, besuchen das „Dunkelcafé" und stellen unseren eigenen Brotfladen her. Bei Fragen ist immer ein geschulter Betreuer ansprechbar, der uns weiterhilft. Eine tolle Sache so ein Erfahrungsfeld, das wünschen wir uns auch für andere Städte.

Die Altstadt von Nürnberg ist so schön, dass auch ein längerer Spaziergang von knapp einer Stunde zum Genuss wird. Wir verlassen die Wöhrder Wiese über den Johann-Soergel-Weg, überqueren die Pegnitz und biegen nach der Brücke links in die Fischergasse ein. Über den Leo-Katzenberger-Weg folgen wir der Pegnitz, bis wir rechts in das Heugässchen abbiegen und uns kurze Zeit später links in die Hans-Sachs-Gasse wenden. Gleich stehen wir vor der prächtigen Frauenkirche und auf dem Platz, auf dem jeden Winter mehr als zwei Millionen Menschen den Christkindlesmarkt besuchen. Selbst

Erlebnisstation auf dem Erfahrungsfeld

Brücke über die Pegnitz

im Sommer können wir uns das Gewusel und den weihnachtlichen Duft nach Lebkuchen und Rostbratwurst wunderbar vorstellen. Wir gehen vorbei am Schönen Brunnen, biegen links in die Waaggasse und stehen kurz darauf vor dem **Spielzeugmuseum**. Seit rund 600 Jahren steht Nürnberg im Zeichen des Spielzeugs – von den mittelalterlichen Puppenmachern bis zur wichtigsten Spielwarenmesse weltweit. Diese Geschichte wird jetzt im Spielzeugmuseum lebendig, mit Puppen und Zinnfiguren, aber auch mit Playmobilfiguren und Matchbox-Autos. Bei einer Führung durch das „Schattenreich" im mittelalterlichen Kellergewölbe lernen wir, dass die Menschen seit jeher vom Spiel mit Licht und Schatten fasziniert waren. Wir bekommen sogar unsere eigenen Taschenlampen, mit denen wir dunkle Ecken ausleuchten und Figuren an die Wand zaubern können. Nach so viel Kreativität haben wir uns eine Pause im **Museumscafé La Kritz** verdient. Die Kinder haben Spaß an einem kleinen Fischteich, der von einer Modelleisenbahn umrundet wird.

Wir verlassen das Spielzeugmuseum, laufen ein paar Schritte auf der Karlstraße in Richtung Pegnitz und biegen dann rechts auf den Maxplatz ab. Der führt uns zum Kettensteg aus dem Jahr 1824, der ersten frei schwebenden, an Ketten hängenden und in der Mitte auf einer Insel abgestützten Flussbrücke Deutschlands. Als wir die Brücke überqueren, gerät sie in leichte Schwingungen, die vor allem unserem Nachwuchs viel Freude bereiten. Trotzdem bleiben wir für einen Moment stehen und werfen einen Blick auf die hier besonders malerische Stadtkulisse.

Am anderen Ufer der Pegnitz laufen wir etwa zehn Minuten entlang der Westtormauer bis zu unserem letzten Ziel für heute, dem **Turm der Sinne**. Hier erfahren wir auf sechs Stockwerken eines alten Stadtmauerturms, warum wir unseren Sinnen nicht immer trauen sollten. Wieso werden wir von Riesen zu Zwergen? Warum treffen wir diesen Basketballkorb plötzlich nicht mehr und was hat es mit den wandernden Häuserschluchten auf sich? Ein spannender Trip in die Welt der Sinnestäuschungen – und mit einem klaren pädagogischen Konzept: Wir sollen lernen, unsere Wahrnehmung kritisch zu hinterfragen und so manche Alltagserfahrungen neu zu bewerten. Funktioniert.

Links Der „Turm der Sinne"
Rechts Vor dem Spielzeugmuseum

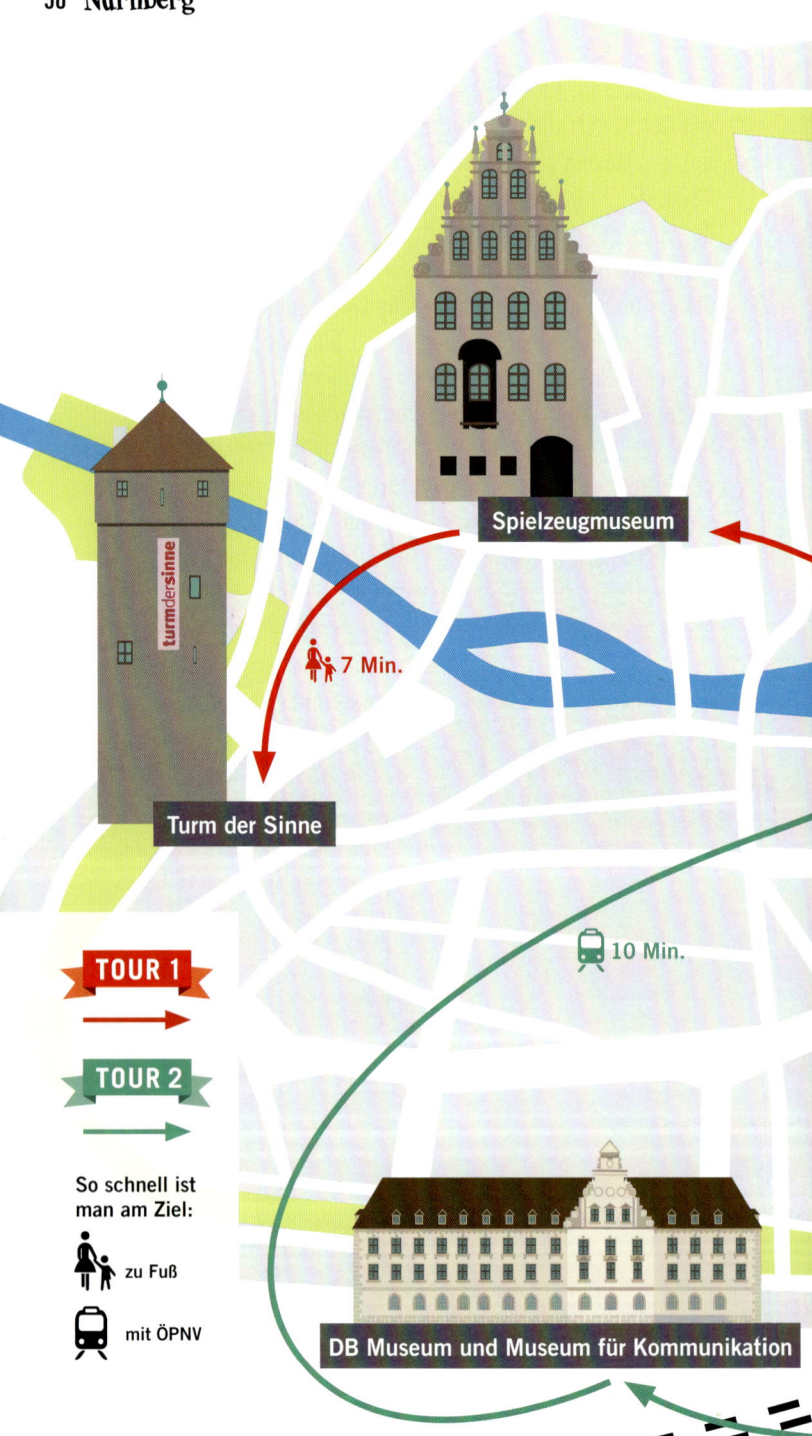

Spielzeugmuseum

turmdersinne

🚶 7 Min.

🚊 10 Min.

Turm der Sinne

TOUR 1

TOUR 2

So schnell ist
man am Ziel:

🚶 zu Fuß

🚊 mit ÖPNV

DB Museum und Museum für Kommunikation

Tucherland

Nürnberg

👩 60 Min.

Erfahrungsfeld

Hauptbahnhof

DB

START   START

👩 10 Min.

👩 15 Min.

Wusstet Ihr, …

… dass die Dampflok „Adler" am 7. Dezember 1835 mit ihrer Fahrt von Nürnberg nach Fürth das Eisenbahnzeitalter in Deutschland einläutete?

… dass die Nürnberger Bratwürste so klein sind, damit sie angeblich im Mittelalter auch noch nach der Sperrstunde durch die Schlüssellöcher verkauft werden konnten?

… dass sich seit 1996 nur solche Lebkuchen „Nürnberger Lebkuchen" nennen dürfen, die auch im Nürnberger Stadtgebiet hergestellt wurden?

GUTE NACHT!

Ringhotel Loew's Merkur
Nur ein paar Schritte vom Hauptbahnhof entfernt liegt das Ringhotel Loew's Merkur. Viele Sehenswürdigkeiten und U-Bahn-Stationen sind vom Hotel aus gut zu erreichen. Das Hotel wird nicht nur familiär geführt, sondern hier hat man auch ein Herz für Familien: Kinder bis 15 Jahre schlafen in bis zu zwei Zustellbetten umsonst im Zimmer der Eltern.

Pillenreuther Straße 1, 90459 Nürnber
Tel. 0911/99 43 30
www.loews-hotel-merkur.de

Smile Hotel
Das Smile Hotel direkt an der historischen Altstadtmauer punktet ebenfalls mit seiner zentralen Lage. Dazu kommen sehr faire Preise sowie die geräumigen und komfortablen Familienzimmer mit bis zu fünf Betten.

Zufuhrstraße 4–4a
90443 Nürnberg
Tel. 0911/26 24 91
www.smilehotel.de

TOUR 2

Alte Loks und neue Medien –
DB Museum und Museum für Kommunikation

Am nächsten Morgen regnet es. Doch zum Glück haben wir es nicht weit, das **DB Museum** liegt nur wenige Fußminuten vom Nürnberger Hauptbahnhof entfernt. Wir sind begeisterte Bahnfahrer, doch hier erfahren wir so einiges, was wir bisher noch nicht wussten, etwa die enorme Bedeutung der Eisenbahn für die wirtschaftliche und politische Entwicklung im 19. Jahrhundert. Und wir sehen legendäre Lokomotiven wie den „Adler" oder den Salonwagen von Reichskanzler Otto von Bismarck, aber auch die Zukunft mit einem Modell des ICE 4. Im rund 1.000 Quadratmeter großen Kinder-Bahnland, kurz KIBALA, sind unsere Kinder derweil auf einer 5-Zoll-Bahn unterwegs, dürfen Kohle schippen – das

Unter einem Dach: DB Museum und Museum für Kommunikation

Links Im KIBALA des DB Museums Rechts So funktionierte eine alte Rohrpost.

machen sie merkwürdigerweise gern – eine Berg- und Talbahn steuern oder mit einer Playmobil- und einer großen Briobahn spielen.

Im gleichen Haus wie das DB Museum ist das **Museum für Kommunikation** untergebracht – wenn wir also schon mal hier sind … Unser anfangs skeptischer Nachwuchs wird mit dem Verweis auf Smartphone und Internet geködert und bereut dies keineswegs: Schließlich ist es gut, zu wissen, wie die Bilder ins Fernsehen kommen, wie viele Schriftzeichen eine Sekretärin in China kennen muss oder wie das Internet überhaupt funktioniert. Eine Sonderausstellung zeigt interessante und skurrile Ansichten verschiedener Städte, die auf dem Social-Media-Portal Instagram veröffentlicht wurden.

Nach so viel Bildung ist vor allem unseren Kindern nach körperlicher Bewegung. Da es nicht aufgeklart hat, laufen wir über den Frauentorgraben rasch zum Hauptbahnhof, steigen dort in die U2 und gelangen nach rund zehnminütiger Fahrt. Da wir am Abend von dort nach Hause fahren, ins **Tucherland**. Das ist Nürnbergs einziger kombinierter In- und Outdoorspielplatz – und zwar ein ziemlich großer. Auf 3.800 Quadratmetern Innen- und 25.000 Quadratmetern Außenspielfläche – insgesamt passen hier problemlos

NICHTS WIE HIN!

Das Dokumentationszentrum Reichsparteitagsgelände

Auf dem ehemaligen Reichsparteitagsgelände im Süden Nürnbergs kann man sich noch heute ein Bild vom Größenwahn des nationalsozialistischen Regimes machen. Seit 2001 ist im Nordflügel der unvollendet gebliebenen Kongresshalle das Dokumentationszentrum Reichsparteitagsgelände zu Hause. Die Dauerausstellung „Faszination und Gewalt" informiert über die Gewaltherrschaft des Hitler-Regimes. Dabei stehen Themen mit einem direkten Bezug zu Nürnberg im Zentrum, wie die Geschichte der Reichsparteitage, die sogenannten „Nürnberger Gesetze" von 1935 oder der Nürnberger Prozess gegen die Hauptverantwortlichen der NS-Verbrechen. Ein Audioguide vermittelt die Texte und Kommentare in sieben Sprachen und bietet spezielle Beiträge für Jugendliche. Das Dokumentationszentrum, das man vom Hauptbahnhof mit der S9 in zehn Minuten erreicht, ist für Kinder und Erwachsene gleichermaßen beeindruckend.

Dokumentationszentrum Reichsparteitagsgelände
Bayernstraße 110
90478 Nürnberg
Tel. 0911/4 08 70–292
www.museen.nuernberg.de/dokuzentrum
Öffnungszeiten: *Mo–Fr 9–18 Uhr, Sa, So 10–18 Uhr*
Eintritt: *Erwachsene 5 €, erm. 3 €, Kleingruppenkarte I (1 Erwachsener und bis zu 3 Kinder unter 18 Jahren) 5,50 €, Kleingruppenkarte II (2 Erwachsene und bis zu 3 Kinder unter 18 Jahren) 10,50 €*

mehr als vier Fußballfelder hin – locken ein Hochseilgarten, eine Soccer-Arena, ein Spiegellabyrinth, ein Streichelzoo und unzählige weitere Attraktionen. Besonders lustig finden unsere Kinder den großen „Wabbelberg" und die Speedröhrenrutsche.

Da sich unsere jüngeren Begleiter heute als geduldige und interessierte Museumsbesucher erwiesen haben, dürfen sie sich zum Abschluss ein Restaurant aussuchen. Da sie nach dem spannenden Tag richtig Hunger haben und sich deftige fränkische Hausmannskost wünschen, fahren wir mit der U2 bis zum „Plärrer", wechseln dort in die Straßenbahnlinie 4 und kommen nach rund 25-minütiger Fahrt zum „Tiergärtnertor". Vorbei am „Südlichen Burggarten" und durch die Straße „Am Tiergärntntor" gelangen wir nach nur 5 Minuten Fußweg zum Wirtshaus „Hütt'n".

Turm der alten Kaiserburg

ADRESSEN

Tourist Information Nürnberg
Königsstraße 93 (gegenüber Hauptbahnhof)
90402 Nürnberg
Tel. 0911/23 36-0
www.tourismus.nuernberg.de

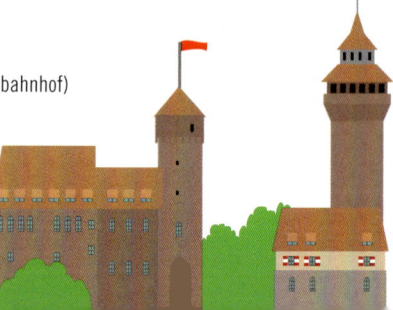

SEHENSWERT

DB Museum
Lessingstraße 6
90443 Nürnberg
Tel. 0800/32 68 73 86
www.dbmuseum.de
Öffnungszeiten: Di–Fr 9–17 Uhr,
Sa, So, Feiertage 10–18 Uhr
Eintritt: Erwachsene 6 €, erm. 5 €,
Kinder/Jugendliche (6–17 Jahre) 3 €,
Familienkarte 12 €

Erfahrungsfeld
Johann-Soergel-Weg/
Ulman-Stromer-Weg
90482 Nürnberg
Tel. 0911/231-105 34
kuf-kultur.nuernberg.de
Öffnungszeiten: 1. Mai–10. Sept.
Mo–Fr 9–18 Uhr, Sa 13–18 Uhr,
So, Feiertage 10–18 Uhr
Eintritt: siehe Website

Museum für Kommunikation
Lessingstraße 6
90443 Nürnberg
Tel. 0911/23 08 80
www.mfk-nuernberg.de
Öffnungszeiten: Di–Fr 9–17 Uhr,
Sa, So, Feiertage 10–18 Uhr
Eintritt: Erwachsene 6 €, erm. 5 €,
Kinder/Jugendliche (6–17 Jahre) 3 €,
Familienkarte 12 €

Spielzeugmuseum
Karlstraße 13–15
90403 Nürnberg
Tel. 0911/231–31 64
*www.museen.nuernberg.de/
spielzeugmuseum/*
Öffnungszeiten: Di–Fr 10 bis 17 Uhr,
Sa, So 10–18 Uhr
Eintritt: Erwachsene 5 €, erm. 3 €,
Kleingruppenkarte I (1 Erwachsener und
bis zu 3 Kinder unter 18 Jahren) 5,50 €,
Kleingruppenkarte II (2 Erwachsene und
bis zu 3 Kinder unter 18 Jahren) 10,50 €

Tucherland
Marienbergstraße 102
90411 Nürnberg
Tel. 0911/239 99 99
www.tucherland.de
Öffnungszeiten: Mo–Fr 14–19 Uhr,
Sa, So, Feiertage, Schulferien 10–19 Uhr
Eintritt: siehe Website

Turm der Sinne
Kappengasse/Ecke Westtor
90402 Nürnberg
Tel. 0911/944 32-81
www.turmdersinne.de
Öffnungszeiten: Di–Fr 13–17 Uhr,
Sa, So, Feiertage 10–18 Uhr
Eintritt: Erwachsene 8 €, erm. 5,50 €,
Familienkarte 18 €

LECKER

Café La Kritz
Karlstraße 13–15 (im Spielzeugmuseum)
90403 Nürnberg
Tel. 0151/11 21 76 87
www.spielzeugmuseum-nuernberg.de
Öffnungszeiten: 1. Mai–28. Okt. Di–Fr
10–17 Uhr, Sa, So, Feiertage 10–18 Uhr

Hütt'n
Bergstraße 20
90403 Nürnberg
Tel. 0911/201 98 81
www.huettn-nuernberg.de
Öffnungszeiten: Mo–Sa 11–24.30 Uhr,
So 12–22.30 Uhr

Mannheim

„Wir fahren nach Mannheim" – mit diesem Satz kann man bei seinen Mitmenschen Neugier wecken. Die einstige kurpfälzische Residenzstadt am Zusammenfluss von Rhein und Neckar gehört zu den unbekannten Schönen. Dabei ist das Barockschloss eines der größten Schlösser in Europa, der Friedrichsplatz gilt als ein echtes Jugendstilkleinod. Kinder toben im Luisenpark oder lassen ihrem Forscherdrang im Technoseum freien Lauf. Und eine Innenstadt, die in Quadrate statt in Straßenzüge aufgeteilt ist, gibt es ohnehin nirgendwo anders.

Zweimal erste Liga – Luisenpark und Technoseum

In Mannheim soll es einen großen Park geben, der zu den schönsten Parkanlagen in Deutschland gehört – so hat es uns jedenfalls eine Freundin erzählt. Das wollen wir überprüfen, setzen uns am Hauptbahnhof in die S6 und fahren in zehn Minuten zur Haltestelle „Luisenpark/Technoseum". Vor dem Haupteingang zum **Luisenpark** ist schon einiges los, aber unsere Befürchtung, dass es eng und voll werden könnte, wird sich in den nächsten

Blick auf den Wasserturm – das Wahrzeichen Mannheims

Stunden nicht bestätigen. Auf einer Fläche von mehr als 25 Hektar ist vor allem für die jüngeren unter den jährlich rund 1,2 Millionen Besuchern ausreichend Platz, sich einmal so richtig auszutoben.

Doch zunächst einmal werden wir von Weißstörchen begrüßt, die in aller Ruhe über die Wiesen stolzieren. Rund 30 Paare sollen regelmäßig im Luisenpark brüten, sicher eine der größten Storchenkolonien in einer deutschen Großstadt. Die Störche sind nicht die einzigen Tiere, denen wir begegnen: In diversen Abschnitten des Parks stoßen wir auf Meerschweinchen und Pinguine, ein kleiner Bauernhof ist die Heimat von Hühnern, Schweinen, Ziegen, Schafen und Pferden – süüüß, finden nicht nur unsere Kinder.

Uns Erwachsenen gefällt der frei zugängliche **Chinesische Garten** besonders gut, mit dem filigran anmutenden Teehaus, das größte seiner Art in Europa. Durch das Pflanzenschauhaus mit seinen tropischen und subtropischen Pflanzen flattern Schmetterlinge und in der Unterwasserwelt mit ihren mehr als 40 Aquarien staunt unser Nachwuchs über Piranhas, Süßwasserrochen und Rotfeuerfische. So viele Eindrücke, die wir während einer gemütlichen **Gondoletta-Fahrt** in einem der gelben Boote auf dem Kutzerweiher Revue passieren lassen.

HEA!

Oben *Gondoletta auf dem Kutzerweiher*
Unten *Einer von rund 30 Störchen im Luisenpark*

Unsere Kinder testet derweil die verschiedenen Spielplätze: den Burg- und Abenteuerspielplatz, den Wasserspielplatz und natürlich den Matschspielplatz. Gut, dass wir uns vorher informiert und Wechselklamotten mitgenommen haben ... Irgendwann hat uns alle der Hunger gepackt – kein Problem, es gibt im Luisenpark diverse gastronomische Angebote. Wir entscheiden uns für das **Café Pflanzenschauhaus**, wo wir bei leckeren Snacks, Kaffee und Kuchen Lobeshymnen auf die Freundin und ihren (Geheim)Tipp singen.

Unser nächstes Ziel ist das **Technoseum**, eines der größten Technikmuseen in Deutschland. Kein weiter Weg dorthin, wir müssen einfach die Straße Theodor-Heuss-Anlage überqueren und auf der anderen Seite dem Hinweisschild folgen — nach noch nicht einmal fünf Minuten Fußweg sind wir am Ziel. Die Entwicklungen in Naturwissenschaften und Technik vom 18. Jahrhundert bis heute sowie den sozialen und wirtschaftlichen Wandel, den die Industrialisierung in Deutschland ausgelöst hat, begreiflich zu machen ist das Ziel des Technoseums. Klingt trocken, ist es aber ganz und gar nicht, sondern spannend und interessant umgesetzt anhand konkreter Beispiele wie Papierherstellung, Energiegewinnung oder Eisenbahn.

Aktuellen Fragen widmet sich der Ausstellungsbereich zur Bionik. Was können wir, was kann die Technik von der Natur lernen — etwa von der Stromlinienform von Pinguinen oder dem Facettenauge der Stubenfliege? Eine besondere Attraktion ist Roboter Paul, das Maskottchen des Museums, der uns mit einem Tanz und Gymnastikübungen erfreut. In der Mitmachausstellung Elementa können wir schließlich selbst ausprobieren, wie herausragende Innovationen entstehen — von Brückenbauten aus der Zeit der Renaissance über das elektrische Licht bis hin zu aktuellen und künftigen technischen Entwicklungen, etwa bei der Kommunikation oder in der Sensorik.

Oben Alte Dampflok im Technoseum
Unten Paul — Maskottchen des Technoseums — tanzt.

🚊 25 Min.

Museumsschiff

DB

Hauptbahnhof

START START

🚊 10 Min.

TOUR 1

TOUR 2

🚊 20 Min.

So schnell ist
man am Ziel:

zu Fuß

mit ÖPNV

Mannheim

Ole! Ole! Kinderspielplanet

🚆 30 Min.

LUISENPARK

Luisenpark

👩‍🦰 5 Min.

Technoseum

Planetarium

Wusstet Ihr, …

… dass rund ein Drittel des Mannheimer Stadtgebiets als Natur- und Landschaftsschutzgebiet ausgeschrieben ist?

… dass Freiherr Karl Drais 1817 in Mannheim das Fahrrad erfand?

GUTE NACHT!

Best Western Hotel Mannheim City

Das frisch renovierte und zentral gelegene Best Western Hotel City ist der ideale Ausgangspunkt, um Mannheim zu entdecken. Hafen, Schloss und die Einkaufsmeile liegen nur einen Katzensprung vom Hotel entfernt.

C7 9–11
68159 Mannheim
Tel. 0621/15 92-0
www.best-western-hotel-mannheim.com

Leonardo Royal Hotel

Das Leonardo Royal Hotel Mannheim mit seiner denkmalgeschützten Fassade liegt gegenüber dem Wasserturm, einem der Wahrzeichen Mannheims. Durch die zentrale Lage sind alle Sehenswürdigkeiten gut zu Fuß oder mit öffentlichen Verkehrsmitteln erreichbar. Zusätzliche Baby- oder Kinderbetten gibt es für sämtliche Zimmer kostenlos.

Augustaanlage 4–8, 68165 Mannheim
Tel. 0621/40 05-0
www.leonardo-hotels.de

Der Neckar mit Fernsehturm

TOUR 2

Überirdisch – Kinderspielplanet und Planetarium

Heute Morgen ist der Himmel bedeckt, es sieht nach Regen aus. Deshalb zieht es uns nicht ins Freie, sondern ins All, genauer gesagt auf den **Ole!Ole! Kinderspielplanet**. Dafür steigen wir am Hauptbahnhof in die Buslinie 60, die uns in rund 25 Minuten in die „Gutenbergstraße" bringt. Dort liegt unser Ziel, das unsere Kinder mit Angeboten wie Kletterwand, Seilbahn, Karussell, Wellenrutsche, Hüpfburgen und Trampolin in Begeisterung versetzt.

Gegen Mittag steigen wir wieder in den Bus, fahren zurück zum Hauptbahnhof, wechseln dort in die S6 und kommen so nach insgesamt einer halben Stunde Fahrt zur Haltestelle „Planetarium". In Mannheim wurde bereits 1927 eines der weltweit ersten Pla-

Der Friedrichsplatz

netarien eröffnet. Das heutige **Planetarium** hat damit nicht mehr viel gemeinsam, die hochmoderne Technik mit Showlaser-Anlage und der Glasfaseroptik des Hightech-Projektionsgeräts „Universarium" von Zeiss garantiert brillante Sternenbilder auf der großen Projektionskuppel. Wir haben uns für das 50-minütige Programm „Zeitreise" entschieden, eine Gemeinschaftsproduktion zehn deutscher Planetarien, die ausgesprochen unterhaltsam rund 14 Milliarden Jahre Weltgeschichte präsentiert – wenn die mit Sternenexplosionen und Kometeneinschlägen verbunden sind, findet sie auch unser Nachwuchs spannend. Beeindruckend.

Gestern haben wir im Technoseum erfahren, dass es auf dem Neckar eine Filiale dieses Technikmuseums gibt. Die wollen wir natürlich auch noch kennenlernen und steigen dafür wieder in die S6. An der Station „Rheinstraße" wechseln wir in die S2 und kommen so nach rund 20 Minuten zur „Kurpfalzbrücke". Dort liegt das **Museumsschiff** vor Anker, einst ein stolzer Ausflugsdampfer für Rheinfahrten, heute die Heimat einer Ausstellung über die Geschichte der Binnenschifffahrt. Wir lernen, wie Dampfmaschine und Schaufelräder funktionieren und welche Fische im Neckar leben. Unsere Kinder interessieren sich vor allem für die Gefahren, denen Bergungstaucher ausgesetzt waren (und sind).

TYPISCH!

Leben im Quadrat

Nicht nur Kinder wundern sich: In der Mannheimer Innenstadt gibt es keine Straßenzüge, sondern Quadrate. Diese eigenwillige Struktur geht zurück auf Kurfürst Friedrich IV., der 1606 beim Bau der mit der „Bürgerstadt Mannheim" verbundenen Festung Friedrichsburg ein gitterförmiges Straßennetz anlegen ließ, das bis heute Bestand hat. Deswegen müssen die Mannheimer zum Beispiel zu „E5", wenn sie das Rathaus besuchen wollen. Insgesamt gibt es 144 Quadrate – von A1 bis U6.

Oben links Das Mannheimer Barockschloss
Oben rechts Das Mannheimer Planetarium
Unten Das Museumsschiff

Für unsere Kinder gibt es zum Abschluss unseres Mannheim-Besuchs noch ein echtes Highlight, nämlich eine Fahrt auf dem alten Polizeiboot, das von Mai bis Oktober Besucher des Museumsschiffs auf kurze Neckartouren mitnimmt. Als das Boot wieder anlegt, spüren wir alle unseren Hunger. Wie gut, dass es direkt auf dem Museumsschiff das **Müllers** gibt, ein Restaurant und Café, das mit seinen frischen Angeboten und dem Blick auf den Neckar keine Wünsche offen lässt.

NICHTS WIE HIN!

Junges Nationaltheater Mannheim

Als Schillers rebellisches Drama „Die Räuber" 1782 im Mannheimer Nationaltheater uraufgeführt wurde, kam es zu Tumulten. Die sind heute sicher seltener geworden, geblieben ist aber die künstlerische Qualität der Aufführungen des Vier-Sparten-Hauses. Im Jungen Nationaltheater mit seinen Programmbereichen Schnawwl – das älteste kommunale Kinder- und Jugendtheater in Baden-Württemberg –, Junge Oper, Junger Tanz und Junge Bürgerbühne wird der hohe Anspruch auch für ein jüngeres Publikum konsequent umgesetzt. Unbedingt hingehen!

Junges Nationaltheater
Alte Feuerwache am Alten Messplatz
Brückenstraße 2
68167 Mannheim
Tel. 0621/16 80 30-2
www.nationaltheater-mannheim.de

ADRESSEN

Tourist Information Mannheim

Willy-Brandt-Platz 5
68161 Mannheim
Tel. 0621/29 38 70-0
www.tourist-mannheim.de

SEHENSWERT

Luisenpark
Theodor-Heuss-Anlage 2
68165 Mannheim
Tel. 0621/41 00 50
www.luisenpark.de
Öffnungszeiten: Haupteingang Theodor-Heuss-Anlage tägl. von 9 Uhr bis zur Dämmerung
Eintritt: Erwachsene März–Okt. 6 €, Nov.–Febr. 3 €, erm. 4 €/2 €, Kinder (6–15 Jahre) 3 €/1,20 €
Gondoletta-Rundfahrt Preise und Zeiten: siehe Website

Museumsschiff
Filiale des Landesmuseums für Technik und Arbeit in Mannheim
Neckarvorlandstraße 2a
68159 Mannheim
Tel. 0621/15 65 75-6
www.technoseum.de
Öffnungszeiten: tägl. 14–18 Uhr

Ole!Ole! Kinderspielplanet
Gutenbergstraße 41–43
68167 Mannheim
Tel. 0621/86 25 89 63
www.spielplatz-mannheim.de
Öffnungszeiten: Mo–Fr 12–19 Uhr, Sa, So 10–19 Uhr, Ferien, Feiertage 12–19 Uhr
Eintritt: Erwachsene 4,90 €, Kinder (3–14 Jahre) 9,90 €, Kinder (1–2 Jahre) 4,90 €

Planetarium
Wilhelm-Varnholt-Allee 1
68165 Mannheim
Tel. 0621/41 56 92
www.planetarium-mannheim.de
Vorstellungen und Eintritt: siehe Website

Technoseum
Landesmuseum für Technik und Arbeit in Mannheim
Museumsstraße 1
68165 Mannheim
Tel. 0621/42 98-9
www.technoseum.de
Öffnungszeiten: tägl. 9–17 Uhr
Eintritt: Erwachsene 8 €, erm. 5 €, Familien 16 €

LECKER

Café Pflanzenschauhaus
Luisenpark Mannheim
Gartenschauweg 18
68165 Mannheim
Tel. 0621/41 12 70
www.cafe-pflanzenschauhaus.de
Öffnungszeiten: Sommerhalbjahr tägl. 9–19 Uhr, Winterhalbjahr tägl. 9.30–17.30 Uhr

Restaurant-Café Müllers
Neckarvorlandstraße 2
68159 Mannheim
Tel. 0621/86 24 86 61
www.muellers-mannheim.de
Öffnungszeiten: tägl. von 11–24 Uhr

Würzburg

Viel Sonne lässt rund um Würzburg den berühmten Franken-
wein wachsen. Und sie liefert den passenden Hintergrund
für eine Stadt, in der überdurchschnittlich viele junge Men-
schen, historische Gebäude und die beeindruckende Land-
schaft im Maintal eine ganz besondere Atmosphäre schaf-
fen. Und auch Kinder kommen voll auf ihre Kosten, auf dem
weitläufigen Gelände der ehemaligen Landesgartenschau
ebenso wie bei der Rekordjagd im eKart-Center.

TOUR 1

Die Würzburger Residenz

Spannende Geschichte(n) –
Stadtspaziergang und Museum für Franken

Würzburg feierte 2004 das 1.300-jährige Stadtjubiläum und
beeindruckt mit einer schönen Altstadt. Mit der Aussicht auf
ein großes Eis locken wir die Kinder zu einem rund einstündigen

Blick auf Würzburg und den Main von der Festung Marienberg

Stadtspaziergang, der am Hauptbahnhof startet und über die Kaiserstraße in die Innenstadt führt. Natürlich machen wir einen Abstecher zur **Residenz** – die als eines der bedeutendsten Schlösser Europas gilt und bereits 1981 von der UNESCO als Weltkulturerbe gewürdigt wurde –, heben uns den Besuch der Innenräume mit einer speziellen Kinderführung jedoch für ein nächstes Mal auf. Es herrscht ein reizvoller Kontrast zwischen dem geschäftigen Treiben eines Samstagvormittags und der historischen Kulisse mit dem Dom oder der Marienkapelle am Wochenmarkt, wo wir uns mit einer Tüte Brezeln stärken. Jedes Jahr findet am ersten Maisonntag in der Würzburger Innenstadt ein großes internationales Kinderfest statt. Diesen Termin merken wir uns.

Über die Hof- und die Domstraße gelangen wir schließlich zur Alten Mainbrücke. An dieser Stelle soll bereits um 1120 die erste Steinbrücke im heutigen Deutschland gebaut worden sein, die gegenwärtige Version stammt aus dem 15. Jahrhundert. Vor dem Überqueren der Brücke holen wir uns noch bei **Köhlers Biocafé** ein leckeres Eis und laufen dann, vorbei an barocken Heiligenfiguren, auf die andere Seite des Flusses. Noch ist nicht viel los – das wird sich ab Mittag ändern, wenn mehr Touris-

Oben Die Alte Mainbrücke mit
Festung Marienberg
Unten Innenhof der Festung Marienberg

ten unterwegs sind und gemeinsam mit den Einheimischen dem
Brauch des „Brückenschoppens"
frönen, also mit einem Glas Fran-
kenwein auf der Brücke den Tag
und den Ausblick genießen.
Wir schauen wehmütig den Main-
schiffen hinterher und sehen auf
dem Berg auf der anderen Seite
des Flusses die von Weinreben
umsäumte **Festung Marienberg**,
über mehrere Jahrhunderte Sitz
der Fürstbischöfe. Dort hinauf
wollen wir, aber über einen ganz
bestimmten Weg, nämlich über
das Gelände der Landesgartenschau 1990. Dafür laufen wir

nach der Brücke für einen knappen Kilometer die Zeller Straße hinauf und werden dann durch ein Tor und einen geschwungenen Brückenweg in den verwinkelten Park geführt. Gleich zu Beginn wartet dort mit dem Wasserspielplatz eine Attraktion auf die Kinder, die sie an heißen Tagen magisch anzieht. Langsam arbeiten wir uns bergan, vorbei an Rosenbeeten, Teichen oder dem „Garten der inneren Ruhe" aus Würzburgs japanischer Partnerstadt Otsu.

Am westlichen Rand der Festung Marienberg hat das **Museum für Franken** seinen Sitz. Klingt trocken, ist es aber ganz und gar nicht. Und schließlich wollen wir wissen, wie sich die heute noch offensichtliche Pracht Würzburgs im Verlauf der Jahrhunderte entwickelt hat. Während wir Erwachsenen uns an weltberühmten

Links Verwunschener Weiher im alten Gartenschauareal
Rechts Kinderführung im Museum für Franken

Exponaten — wie etwa den gotischen Skulpturen Tilman Riemenschneiders — freuen, schnappen sich die Kinder am Eingang den „Familienkoffer". Der weist den Weg durch einen spannenden und speziell für jüngere Besucher entwickelten Rundgang mit zehn Stationen. So kann man zum Beispiel auf Safari gehen, bronzezeitlichen Schmuck herstellen oder die einzelnen Teile einer Ritterrüstung kennenlernen.

Der Rückweg bergab geht kinderleicht. Unten an der Mainbrücke, direkt an einer Schleuse, steuern wir den Biergarten der **Goldenen Gans** an, mit fränkischen Spezialitäten (auch als Kinderportion), Bier aus der eigenen Brauerei und zwei Trampolinen, auf denen sich der Nachwuchs nach dem zünftigen Abendbrot beweisen kann.

eKart-Center

 18 Min.

Museum für Franken

 5 Min.

Würzburg

TOUR 1

TOUR 2

So schnell ist
man am Ziel:

 zu Fuß

 mit ÖPNV

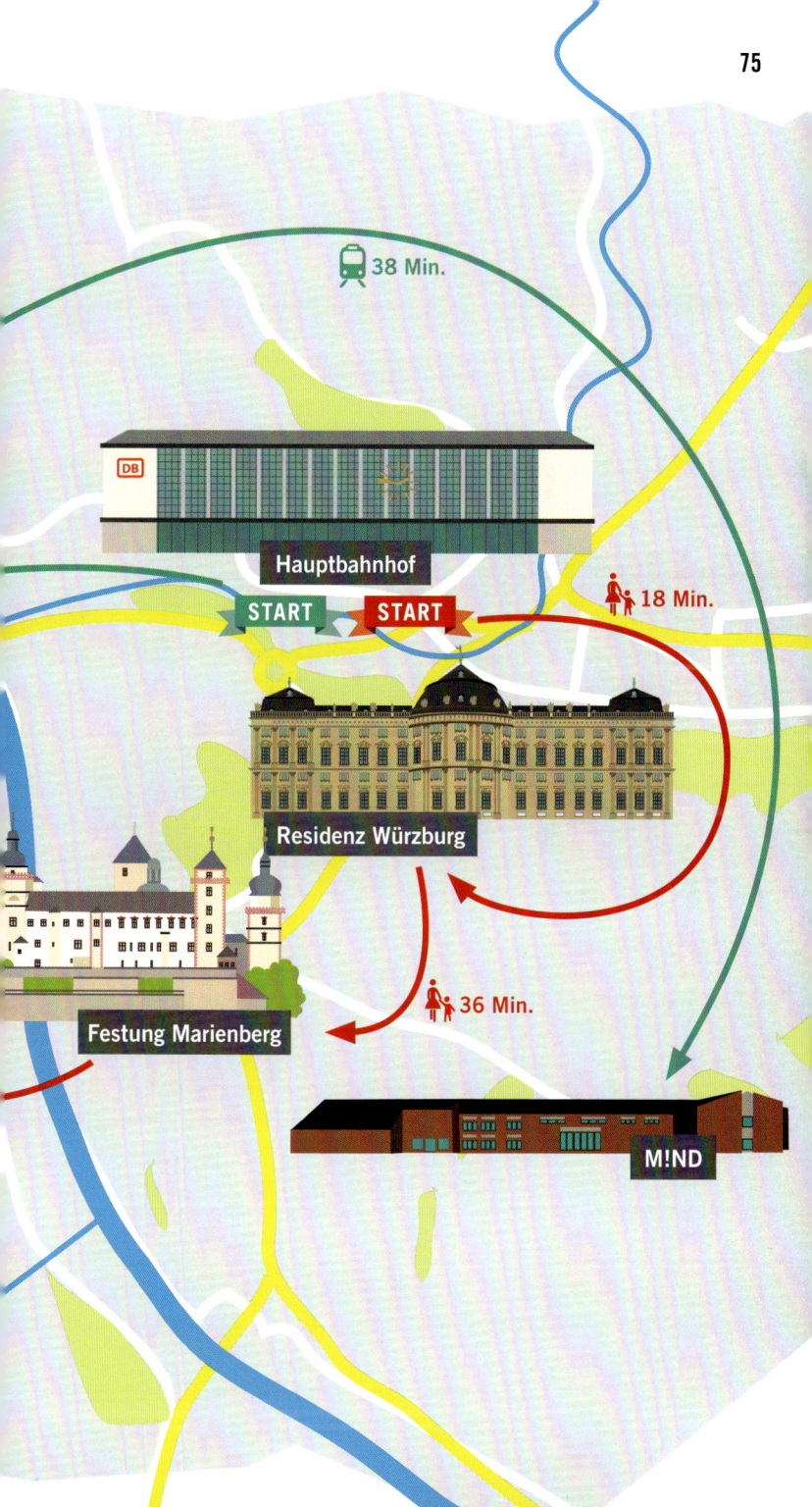

🚆 38 Min.

DB

Hauptbahnhof

START   START

🚶 18 Min.

Residenz Würzburg

Festung Marienberg

🚶 36 Min.

M!ND

Wusstet Ihr, …

… dass die deutsche Basketball-Legende
Dirk Nowitzki aus Würzburg stammt?

… dass die erste Pizzeria Deutschlands, das
„Sabbie de Capri", 1952 in Würzburg eröffnet wurde?

GUTE NACHT!

Hotel Amberger

Das familiengeführte Hotel Amberger liegt im Herzen von Würzburg und in unmittelbarer Nähe zu den historischen Sehenswürdigkeiten wie dem Dom und der Residenz. Ein italienisches Restaurant gehört ebenfalls zum Hotel. Im Dreibettzimmer ist ein Kind bis 10 Jahre kostenlos dabei.

Ludwigstraße 17–19
97070 Würzburg
Tel. 0931/35 10-0
www.hotel-amberger.de

City Partner Hotel Strauss

Das preisgünstige City Partner Hotel Strauss liegt zentral an der Juliuspromenade. Nahezu alle Sehenswürdigkeiten Würzburgs sind von hier aus gut zu Fuß zu erreichen. Die großen Doppelzimmer und Suiten sind bestens geeignet für Familien. Kinder bis 17 Jahre sind mit einem Extrabett zu einem deutlich reduzierten Preis dabei.

Juliuspromenade 5, 97070 Würzburg
Tel. 0931/3057-0
www.hotel-strauss.de

Auf Rekordjagd im eKart-Center

Schnell und schlau – eKart-Center und Touch Science

Nachdem wir am Vortag unsere Beine bewegt haben, starten wir den Sonntag ganz anders, nämlich im Würzburger **eKart-Center**. Dafür fahren wir vom Hauptbahnhof mit einer Regionalbahn nur drei Minuten bis Würzburg-Zell und kommen vom dortigen Bahnhof über die Albert-Einstein-Straße und die Alfred-Nobel-Straße zu Fuß in einer Viertelstunde zu unserem Ziel in der Wilhelm-Wien-Straße. Wir haben uns vorher angemeldet und wollen als Familie einmal ausprobieren, was die Faszination des Kartsports ausmacht, mit dem viele große Rennfahrer, wie Michael Schuhmacher oder Sebastian Vettel, ihre Karriere begonnen haben.

Keine Frage – es macht großen Spaß. Nach einer ausführlichen Einweisung bekommen wir einen Schutzhelm, dann geht es auf die mehr als 300 Meter lange Strecke. Am Anfang sind wir vorsichtig, doch schon bald bekommen wir Sicherheit und versuchen, unsere Rundenzeiten zu unterbieten. Was wir fast geahnt haben: Unsere Kinder hängen uns locker ab. Viel zu schnell ist das Vergnügen vorüber – der einzige Wermutstropfen bei einer Aktion, die auch noch weitaus umweltfreundlicher ist als vergleichbare Kartangebote: Die 15 PS starken Flitzer werden mit Ökostrom angetrieben. Nach so viel Aufregung wollen wir den zweiten Teil des Tages ruhiger angehen lassen. Wir fahren wieder mit einer Regionalbahn zurück zum Hauptbahnhof, steigen dort am Busbahnhof in die Buslinie 14 und lassen uns in knapp 20 Minuten bis zur Haltestelle „Universitätszentrum" bringen. An der Uni Würzburg wollen wir das **Mathematische, Informationstechnologische und Naturwissenschaftliche Didaktikzentrum M!ND** besuchen – klingt gefährlich, ist es aber gar nicht. In der interaktiven Wissen-

Wissenschaft erleben in der Ausstellung „Touch Science"

schaftsausstellung Touch Science dürfen wir nämlich mitmachen, und das ist extrem spannend: Wir sehen unser eigenes Herz schlagen, lassen Atome aufeinanderprallen und radeln mit Lichtgeschwindigkeit auf dem „Einstein-Rad". Wir „berühren" die Exponate und lassen uns gleichzeitig von der Erkenntnis naturwissenschaftlicher Zusammenhänge „berühren" – das Konzept der Ausstellungsmacher im M!ND-Center geht voll auf.

Nach einem derart auf- und anregenden Tag gönnen wir uns zum Abschluss unseres Würzburg-Besuchs eine Auszeit, im wahrsten Sinne des Wortes. Dafür fahren wir mit der Linie 14 zurück zum Busbahnhof, steigen dort in die S4 und rauschen in acht Minuten bis zur Haltestelle „Wörthstraße". An der Ecke zur Frankfurter Straße, in unmittelbarer Nähe des Eingangs zum gestern besuchten alten Landesgartenschaugelände, liegt das **Mennas Time Out** – barrierefrei, kinderfreundlich mit Spielplatz und -ecke sowie einer Speisekarte, die keine Wünsche offenlässt.

Selbst ausprobieren hilft, auch komplizierte Zusammenhänge besser zu verstehen.

NICHTS WIE HIN!

Fun-Park Kinderland

Obwohl Würzburg eine eher sonnenverwöhnte Stadt ist, kann es auch hier einmal regnen. Da bietet das Fun-Park Kinderland eine echte Alternative. Die Riesenrutsche „Black Mamba", eine Kletterwand, ein Kleinkindbereich, aufblasbare Spiele und viele weitere Attraktionen machen Langeweile auf diesem Indoor-Spielplatz zu einem Fremdwort.

Fun-Park Kinderland
Werner-von-Siemens-Straße 16
97076 Würzburg
Tel. 0931/78 40 55-1
www.kinderland-wuerzburg.de
Öffnungszeiten: *Di–Do 14.30–18.30 Uhr,*
Fr 14–19 Uhr, Sa, So 10.30–19 Uhr
Eintritt: *siehe Website*

Die schöne Parkanlage des Hofgartens

ADRESSEN

Tourist Information Würzburg
Falkenhaus, Marktplatz 9
97070 Würzburg
Tel. 0931/37 23 98
www.wuerzburg.de

SEHENSWERT

eKart-Center
Wilhelm-Wien-Straße 9
97080 Würzburg
Tel. 0931/46 76 66 22
www.ekart-center.de
Öffnungszeiten: Di–Do 16–21 Uhr, Fr
14–22 Uhr, Sa, So, Feiertage 10–22 Uhr,
Schulferien Mo–Fr 12–22 Uhr
Mindestgröße für Kinder: 1,35 Meter
Preise: siehe Website

**M!ND-Center der Universität
Würzburg**
Didaktik-und Sprachenzentrum
Campus Hubland Nord
Matthias-Lexer-Weg 25
97074 Würzburg
Tel.0931/31 82 73-4
www.mind.uni-wuerzburg.de

Öffnungszeiten: Mi, Sa, So 14–18 Uhr
Eintritt: Erwachsene 5 €, Kinder und
Jugendliche (6–18 Jahre) 3 €, Familien-
angebot ab 10 € (2 Erwachsene, 1 Kind,
jedes weitere Kind 2 €)

Museum für Franken
Festung Marienberg
Oberer Burgweg
97082 Würzburg
Tel. 0931/20 59 40
www.museum-franken.de
Öffnungszeiten: 1. Apr.–31. Okt. Di–So
10–17 Uhr, 1. Nov.–31. März Di–So
10–16 Uhr
Eintritt: Erwachsene 4 €, erm. 3 €, Kinder
und Jugendliche (bis 17 Jahre) frei

LECKER

Biergarten Goldene Gans
Burkarderstraße 2–4
97082 Würzburg
Tel. 0931/4 31 59
www.goldene-gans-wuerzburg.de
Öffnungszeiten: bei schönem Wetter
tägl. 11–23 Uhr

Köhlers Biocafé
Alte Mainbrücke/Karmelitenstraße 1
97070 Würzburg
Tel. 0931/57 17 18
www.koehlers-vollkornbaeckerei.de

Öffnungszeiten: Mo–Sa 7–20 Uhr,
So, Feiertage 8–19 Uhr

Mennas Time Out
Frankfurter Straße 1
97082 Würzburg
Tel. 0931/4 40 04
www.timeout-wuerzburg.de
Öffnungszeiten: Mai–Sept. Mo 17–23 Uhr,
Di–Do 12–14.30 Uhr und 17–23 Uhr, Fr, Sa
12–23 Uhr, So 10.30–22 Uhr, Okt.–Apr.
Mo 17–23 Uhr, Di–Sa 12–14.30 Uhr und
17–23 Uhr, So 10.30–23 Uhr

Ist das New York? Nein, das ist Frankfurt, die Mainmetropole, die sich bereits bei der Anfahrt mit der Bahn als einzige Stadt Deutschlands mit einer echten „Skyline" entpuppt. Die schauen wir uns gleich erst mal von oben an, auf dem nur wenige Fußminuten vom Hauptbahnhof entfernten Main-Tower. Frankfurt wird uns in den nächsten zwei Tagen so einiges bieten und wir genießen die gemeinsamen Erlebnisse in seinem weltberühmten Zoo, im nicht minder berühmten Naturmuseum mit vielen Dinos oder im bunt blühenden Palmengarten.

Große Tiere und kleine Strolche – Senckenberg und Struwwelpeter-Museum

Am Hauptbahnhof steigen wir in die U4 und kommen in nur drei Minuten zur „Bockenheimer Warte". Wochentags ist hier vermutlich mehr los, wenn der akademische Nachwuchs in die direkt angrenzende Uni strömt. Uns stört die relative Ruhe überhaupt nicht, so können wir ungehindert den Tyrannosaurus Rex in Originalgröße bewundern, der auf dem Grünstreifen vor dem **Senckenberg Naturmuseum** Wache hält. Bei so manchen Tieren

Frankfurt wächst in den Himmel.

Dino vor dem Senckenberg Naturmuseum

ist es doch nicht schlecht, dass sie ausgestorben sind, denken wir kurz …

Im Museum verlieren wir dann schon bald die Scheu vor den Urzeitriesen, wenn wir die Virtual-Reality-Brille aufziehen und dem Diplodocus und weiteren Giganten über die Nase streicheln. Doch auch andere Tiere beeindrucken uns schwer, obwohl sie lediglich ausgestopft sind: die Anakonda, die ein ganzes Wasserschwein am Stück verschlingt, der gewaltige Komodowaran mit seinem tödlichen Biss oder nicht zuletzt der Eichenbock – dieser ziemlich große Käfer lebt auch in unseren Wäldern, dort werden wir demnächst etwas genauer hinschauen …

Nachdem sie die Begegnung mit so vielen gefährlichen Tieren überlebt haben, fühlen sich unsere Kinder unbesiegbar. Wir müssen ihnen wohl einmal kurz demonstrieren, wohin so etwas führen kann. Dafür überqueren wir die Senckenberganlage und laufen in rund zehn Minuten über die Dantestraße und den Beethovenplatz in die

Die „Struwwelbrüder"

Schotterstraße, wo das **Struwwelpeter-Museum** seinen Sitz hat. Das hat sich ganz dem Werk des Frankfurter Arztes Heinrich Hoffmann verschrieben, der gegen Mitte des 19. Jahrhunderts enttäuscht war über die damalige Kinderliteratur und so selbst zum Autor wurde.

Zwar schmunzeln unsere Kinder heute nur noch müde über die Brachialpädagogik in Hoffmanns Werken, die dem Struwwelpeter, dem Suppenkaspar oder dem Paulinchen widerfährt. Interessiert sind sie aber schon – und damit nicht allein, wie die Sonderausstellung mit Werken französischer Illustratoren beweist, die sich von Hoffmann inspirieren ließen. Und außerdem hatte Hoffmann alias „Reimerich Kinderlieb" auch eine ziemlich lustige Seite, die sich an Figuren wie dem „Schlangenpferd", „Herr Fix von Bickenbach" oder „Frau von Gänseschwein" zeigt.

Pflanzen der Steppe im Palmengarten

Nach diesem Ausflug in eine vergangene Zeit ist uns nach frischer Luft und Bewegung. Dafür müssen wir nur nach links in die Mendelssohnstraße einbiegen, die Bockenheimer Landstraße überqueren und dann über die Siesmayerstraße nach zehnminütigem Marsch den **Palmengarten** erreichen. Hier wartet inmitten der Großstadt das grüne Paradies auf uns, mit rund 13.000 Pflanzen aus der ganzen Welt und Gewächshäusern, die einen Besuch auch im Winter attraktiv machen. Unsere Kinder interessieren sich besonders für die Felsen mit einem kleinen Bachlauf, die fleischfressenden Pflanzen, die Aquarien in einer Grotte und natürlich die Spielplätze, vor allem den Wasserspielplatz. Und während der Nachwuchs mit dem Palmengarten-Express durch den Park zuckelt, erfreuen wir uns an den Themengärten mit alten Rosensorten oder Orchideen, die hoch in den Bäumen wachsen, und grinsen über die Idee, einen stacheligen Goldkugelkaktus „Schwiegermuttersessel" zu nennen.

Als wir uns wieder treffen, gibt es einen der seltenen Momente familiärer Einigkeit: Wir sind alle hungrig. Wie gut, dass direkt am Palmengarten das **Café Siesmayer** mit süßen und herzhaften Köstlichkeiten auf uns wartet. So können wir uns satt und zufrieden dem letzten Programmpunkt des Tages widmen, dem Besuch einer Vorstellung im direkt am Palmengarten gelegenen **Papageno Musiktheater**. Dort hat man sich vorgenommen, klassische Musik speziell für jüngere Menschen spannend aufzubereiten – ein Plan, der bei der „Kleinen Zauberflöte" restlos aufgeht.

***Links** Seerosenteich im Palmengarten **Rechts** Das Papageno Musiktheater*

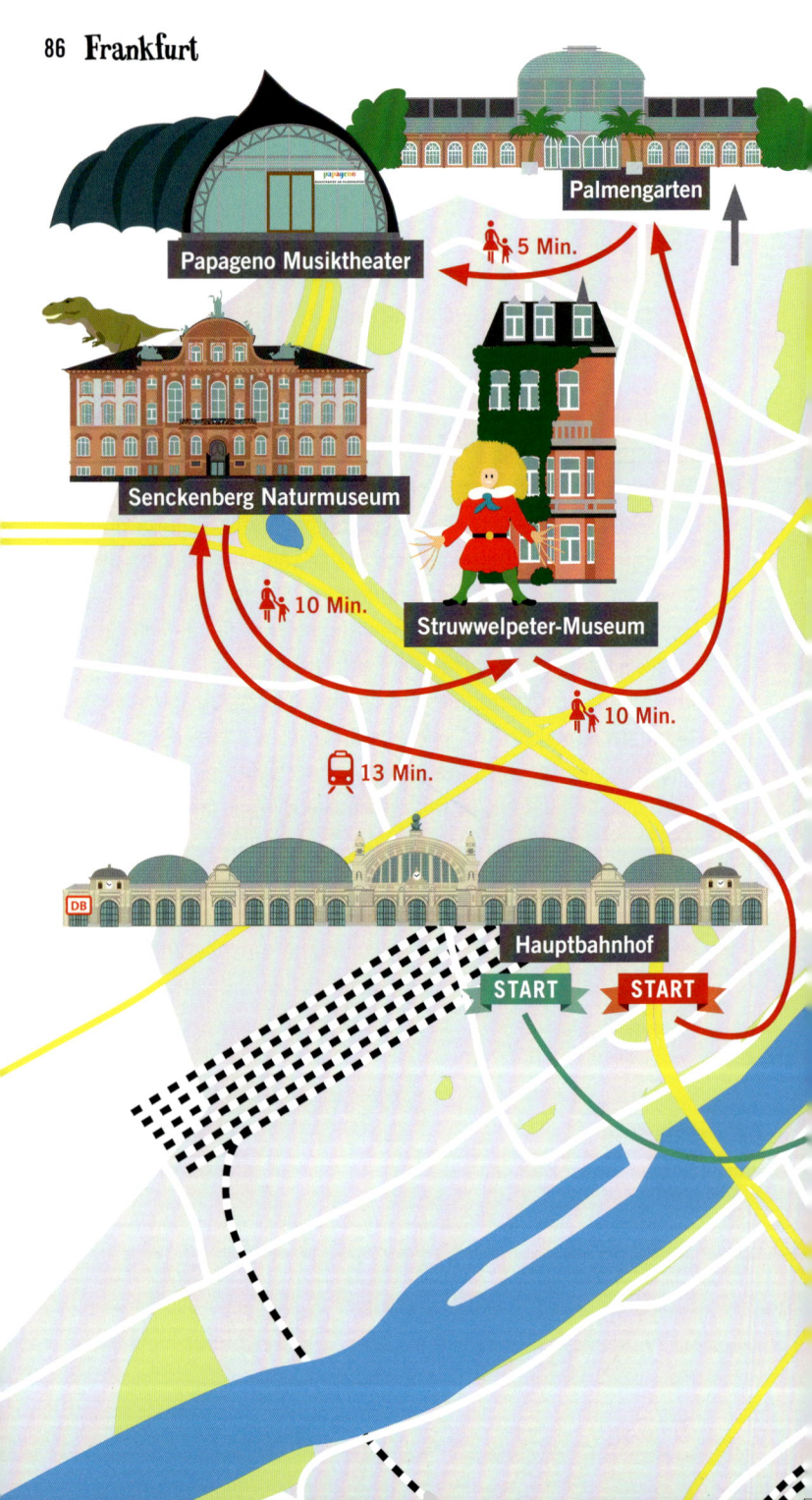

Palmengarten

Papageno Musiktheater

5 Min.

Senckenberg Naturmuseum

10 Min.

Struwwelpeter-Museum

10 Min.

13 Min.

Hauptbahnhof

START   START

10 Min.

Zoo Frankfurt

10 Min.

Kunsthalle Schirn/Minischirn

Frankfurt

TOUR 1

TOUR 2

So schnell ist
man am Ziel:

zu Fuß

mit ÖPNV

Wusstet Ihr, …

… dass die Bronzestatue des griechischen Halbgottes Atlas auf dem Dach des Hauptbahnhofs 4,5 Tonnen schwer ist?

… dass die südamerikanischen Blattschneiderameisen mit maximal 4 Millimetern Körperlänge die kleinsten Tiere im Frankfurter Zoo sind?

… dass die Frankfurter Trinkhallen und Kioske „Wasserhäuschen" heißen, weil dort früher vor allem Mineralwasser getrunken wurde?

GUTE NACHT!

Lindner Hotels & Residence Main Plaza

Das Lindner liegt am Sachsenhausener Mainufer. Der Ausblick auf die Skyline auf der anderen Mainseite ist besonders bei Dunkelheit grandios. Kinder bis 11 Jahre sind im Zustellbett kostenfrei dabei, Kinder bis 5 Jahre frühstücken im Beisein der Eltern gratis.

Walther-von-Cronberg-Platz 1
60594 Frank am Main
Tel. 069/66 40 10
www.lindner.de

Der Eiserne Steg über den Main

H4 Hotel

Etwas außerhalb der Innenstadt befindet sich das H4 Hotel. Der nahe gelegene Wald bietet zahlreiche Freizeitmöglichkeiten. Fahrräder können im Hotel ausgeliehen werden. Nach der aktiven Freizeit erholen sich Familien in den geräumigen Familienzimmern mit getrennten Schlaf- und Wohnbereichen.

Oeserstraße 180, 65933 Frank am Main
Tel. 069/39 05-0
www.h-hotels.com/de/h4/hotels/
h4-hotel-frankfurt-messe

Kinder im Schattenraum der Minischirn

Wilde Tiere und große Kunst – Zoo und Schirn

Ein Besuch in Frankfurt wäre unvollständig, wenn wir nicht im Zoo vorbeischauen würden. Dafür steigen wir am Hauptbahnhof in die U4, wechseln an der „Konstablerwache" in die U7 und stehen nach nur zehn Minuten Fahrt vor dem Eingang des zweitältesten deutschen Tierparks, der bereits 1858 von Frankfurter Bürgern gegründet wurde. Wir Erwachsenen verbinden damit vor allem Bernhard Grzimek, den früheren Zoodirektor, eine der führenden Figuren des Naturschutzes in Deutschland. Der schrieb nicht nur Geschichte mit seinem berühmten Film „Serengeti darf nicht sterben", sondern war bis in die 1980er-Jahre mit seiner ARD-Sendung „Ein Platz für Tiere" ein gern gesehener Gast in unseren Wohnzimmern – auch deshalb, weil er immer ein Tier dabei hatte: Mal saß ein Affe auf dem Moderationstisch, mal hing eine Schlange um Grzimeks Hals.

Kinder beobachten einen Flachlandgorilla im Frankfurter Zoo.

Eine gute Bekannte Grzimeks war gewiss auch die Bonobo-Dame Margrit, seit 1959 in Frankfurt und das älteste Tier im Zoo. Mit solchen Sentimentalitäten hat unser Nachwuchs wenig am Hut, der interessiert sich viel mehr für den Streichelzoo, den großen Spielplatz mit Trampolin und Lümmelnetz und natürlich die mit zahlreichen Kunststücken verbundene Robbenfütterung. Wer beim über 17 Stationen führenden Zooquiz gewonnen hat, wird an dieser Stelle nicht verraten.

Der Himmel ist grau geworden. Das könnte uns stören, wenn wir nicht ohnehin einen Ort ansteuern wollten, der uns nicht nur ein Dach über dem Kopf bietet, sondern als eines der angesehensten Ausstellungshäuser in Europa gilt. Dafür steigen wir wieder in die U7, fahren fünf Minuten bis zur „Hauptwache" und laufen in rund zehn Minuten über die Konstablerwache und die Straße „Neue Kräme" in Richtung Main zum Römerberg. Rechts

Toben in der Minischirn

NICHTS WIE HIN!

Stadt und Welt – im kinder museum Frankfurt

Das kinder museum Frankfurt direkt an der Hauptwache schlägt in wechselnden, speziell für Kinder konzipierten Ausstellungen einen Bogen von der Vergangenheit und Gegenwart Frankfurts zur Lebenssituation von Gleichaltrigen überall auf der Welt. Wer es noch genauer wissen will, kann an einer der angebotenen stadtgeschichtlichen Führungen teilnehmen.

kinder museum Frankfurt
An der Hauptwache 15 – Zwischenebene
60313 Frankfurt
Tel 069/21 23 51 54
www.kindermuseum.frankfurt.de
Öffnungszeiten: *Di–So 10–18 Uhr, Mo nur in den*
hessischen Schulferien und an Feiertagen 10–18 Uhr
Eintritt: *Erwachsene 4 €, Kinder frei*

sehen wir die Paulskirche, ein Symbol der Demokratie in Deutschland, wo von 1848 bis 1849 mit der Frankfurter Nationalversammlung die erste frei gewählte Volksvertretung auf deutschem Boden tagte. Angeblich kam das im Geschichtsunterricht noch nicht dran, behaupten unsere Kinder … na dann.

Die **Kunsthalle Schirn**, unser Ziel, hat seit ihrer Gründung im Jahr 1986 rund 230 Ausstellungen zeitgenössischer Kunst präsentiert und damit mehr als acht Millionen Besucher aus aller Welt in die Frankfurter Altstadt gelockt. Und während wir Erwachsenen uns ganz der Kunst widmen, gehen unsere Kinder in der **Minischirn** auf Entdeckungstour und lassen dort ihrer Kreativität freien Lauf. Dabei spielen beispielsweise ein vollverspiegelter Raum, Schaumstoffelemente und ein Farbleuchtturm wichtige Rollen, wie wir später etwas kryptisch erfahren – aber großen Spaß gemacht hat es auf jeden Fall.

So langsam geht unser Frankfurt-Besuch zu Ende. Hungrig wollen wir allerdings nicht nach Hause fahren, und da ist es gut, dass in unmittelbarer Nähe zum Hauptbahnhof **Der fette Bulle** auf uns wartet. Das ist ein Laden für große und kleine Burgerfreunde, wie er sein muss: saftiges Rindfleisch aus der Region, Veggieburger, Burger mit Hühnerfleisch, frische Pommes und selbst hergestellte Soßen – was will man mehr?

NICHTS WIE HIN!

Die Zeit nicht vergessen – in der Halligalli Kinderwelt
Während Mama und Papa in Ruhe über Deutschlands größte Einkaufsstraße, die Zeil, schlendern, tobt der Nachwuchs durch die Halligalli Kinderwelt. Auf dem Indoor-Spielplatz mit der großen Kletter- und Spiellandschaft, einer Trampolin-Anlage und einer Wellenrutsche mit vier Bahnen vergeht die Zeit wie im Flug.

Halligalli Kinderwelt
Zeil 106–110
60313 Frankfurt
Tel. 069/13 38 47 73
www.halligalli-myzeil.de
Öffnungszeiten: *tägl. 11–20 Uhr*
Eintritt: *siehe Website*

Die Skyline von Frankfurt

ADRESSEN

Frankfurt Tourismus
Römerberg 27
60311 Frankfurt
Tel. 069/21 23 88 00
www.frankfurt-tourismus.de

SEHENSWERT

Kunsthalle Schirn/Minischirn
Römerberg
60311 Frankfurt
Tel. 069/29 98 82-112
www.schirn.de
Öffnungszeiten: Di–So 10–18 Uhr
Eintritt: siehe Website

Palmengarten
Siesmayerstraße 61
60323 Frankfurt
Tel. 069/33 93-9
www.palmengarten.de
Öffnungszeiten: Febr.–Okt. tägl. 9–18
Uhr, Nov.–Jan. tägl. 9–16 Uhr
Eintritt: Erwachsene 7 €, Kinder
unter 14 Jahren 2 €

Papageno Musiktheater
Palmengartenstraße 11a
60325 Frankfurt
Tel. 069/51 50 38
www.papageno-theater.de

Senckenberg Naturmuseum
Senckenberganlage 25

60325 Frankfurt
Tel. 069/75 42-0
www.senckenberg.de
Öffnungszeiten: Mo, Di, Do, Fr 9–17 Uhr,
Mi 9–20 Uhr, Sa, So, Feiertage 9–18 Uhr
Eintritt: siehe Website

Struwwelpeter-Museum
Schubertstraße 20
60325 Frankfurt
Tel. 069/74 79 69
www.struwwelpeter-museum.de
Öffnungszeiten: Di–So 10–17 Uhr
Eintritt: Erwachsene 4 €, erm. 2 €,
Kinder (7–13 Jahre) 1 €

Zoo Frankfurt
Bernhard-Grzimek-Allee 1
60316 Frankfurt am Main
Tel. 069/21 23 37 35
www.zoo-frankfurt.de
Öffnungszeiten: 26. März–28. Okt. tägl.
9–19 Uhr, 29. Okt.–24. März tägl. 9–17 Uhr
Eintritt: Erwachsene 10 €, erm. 5 €,
Kinder/Jugendliche (6–17 Jahre) 5 €,
Familien 25 €

LECKER

Café Siesmayer
Siesmayerstraße 59
60323 Frankfurt
Tel. 069/90 02 92 00
www.cafe-siesmayer.de
Öffnungszeiten: tägl. 8–19 Uhr

Der fette Bulle
Kaiserstraße 73
60311 Frankfurt
Tel. 069/90 75 70 04
www.derfettebulle.de
Öffnungszeiten: tägl. 11.30–23 Uhr

Köln

Die Einfahrt über die Hohenzollernbrücke in den Kölner Hauptbahnhof rückt den Kölner Dom in den Blick – eines der berühmtesten Bauwerke Deutschlands, das nie fertig wird. Den passieren wir gleich, bevor wir zumindest einen kleinen Teil der zahlreichen Kölner Attraktionen, wie das Odysseum oder das Schokoladenmuseum, erkunden. Andere Höhepunkte, wie den größten Trampolinpark in Nordrhein-Westfalen oder eine Schiffstour auf dem Rhein, heben wir uns für spätere Besuche auf.

TOUR 1

Auf der „schäl Sick" – KölnTriangle und Odysseum

Am Dom kommt niemand vorbei – auch wir nicht, obwohl wir diesmal andere Attraktionen in Köln kennenlernen wollen. Deshalb begnügen wir uns mit einem kurzen bewundernden Blick von außen. Selbst unsere Kinder, sonst keine Freunde historischer Bauten, sind angesichts der schieren Größe beeindruckt. Anschließend laufen wir über die mit Liebesschlössern behängte Hohenzollernbrücke nach Köln-Deutz, also auf die „schäl Sick".

Blick auf Groß St. Martin (links), den Dom und die Hohenzollernbrücke

Das ist die Bezeichnung für die aus Sicht mancher Rheinländer „falsche", rechte Rheinseite (laut Altbundeskanzler Konrad Adenauer begann dort bereits Sibirien). Aber warum „schäl"? Eine Erklärung beruft sich auf die Zeit, als die Schiffskähne rheinaufwärts noch von Pferden gezogen wurden. Angeblich wurden die Pferde auf der „falschen" Rheinseite so von der Reflexion des Sonnenlichts auf dem Fluss geblendet, dass manch ein Ross auf einem Auge blind geworden sein soll. Darum wurde den Pferden auf dem rheinseitigen Auge eine Scheuklappe angelegt, weshalb sie schlecht sehen konnten, laut kölschem Dialekt also „schäl" waren. Unser Nachwuchs scheint uns diese Geschichte nicht wirklich abnehmen zu wollen ...

In Deutz laufen wir direkt auf das **KölnTriangle** zu, einen über 100 Meter hohen gläsernen Büroturm mit einer Aussichtsplattform, die einen 360-Grad-Blick zulässt. Und natürlich schauen wir vor allem auf die „richtige" Rheinseite, auf den Dom, das Stadtpanorama und die markanten Neubauten im Rheinauhafen. Und wir schauen in Richtung Osten, wo sich hinter der Lanxess-Arena – die unsere Kinder überraschenderweise von diversen Konzerten kennen – unser nächstes Ziel verbirgt, das **Odysseum**. Nach einer sehr kurzen Fahrt mit der Stadtbahnlinie 12 vom Bahnhof in Deutz bis zur Haltestelle „Trimbornstraße" erreichen wir das Abenteuermuseum. Hier warten 150 Erlebnisstationen auf uns, spannende Themenwelten, Dinosaurier, Flugsimulatoren, Astronautentrainer, ein Hochseilgarten und noch viele weitere Attraktionen. Im 3-D-Kino heften wir uns an die Fersen der „Giganten der Urzeit", im „Trickfilmstudio mit der Maus" versuchen sich die Kinder an einer eigenen „Lach- und Sachgeschichte".

Hier könnte man ganze Tage verbringen, doch wir haben noch etwas vor. Es geht auf der gleichen Strecke mit der S12, S13 oder S19 zurück. In Deutz steigen wir aus, laufen zum Rheinufer und folgen dem Fluss auf einer breiten Promenade, bis wir zum **Rheinpark** kommen. Ein weitläufiges Gelände mit schönen Spielplätzen, einem Skatepark und einer Kleinbahn, die seit der 1957 hier ausgerichteten Bundesgartenschau unermüdlich ihre Kreise zieht.

Am nordöstlichen Ende des Rheinparks befindet sich die **Claudius Therme**, der ideale Ort zum Entspannen. Wir liegen im warmen Thermalwasser in einem Außenbecken und schauen auf den Dom – besonders zu empfehlen für die kalte Jahreszeit! Das gefällt auch unseren Kindern, ebenso wie der Strömungskanal. Danach sind wir vollkommen relaxed und wandern auf der Rheinuferpromenade in einer Viertelstunde zum Bahnhof Deutz zurück. Dort steigen wir in die nächste Regionalbahn, fahren über die Brücke zum

Oben Hohenzollernbrücke
und Blick auf den Dom
Unten Die Kleinbahn
im Rheinpark

Hauptbahnhof und wechseln da in die S18, mit der wir nach knapp 20 Minuten den **Kölner Zoo** (Haltestelle „Zoo/Flora") erreichen.

Dort interessieren wir uns besonders für ein rund 2.000 Quadratmeter großes Stück tropischen Regenwalds mit frei fliegenden Vögeln, Flug-

Elefanten im Kölner Zoo

hunden und vielen spannenden Pflanzen. Eindrucksvoll ist auch der Elefantenpark, der rund ein Zehntel der gesamten Zoofläche einnimmt. Hier liegt auch einer von zwei großen Spielplätzen im Zoo, auf dem sich die Kinder noch einmal richtigen Hunger holen. Den stillen wir später im **Lokal Alte Feuerwache**, das wir nach zwei Stationen mit der S18 (bis „Ebertplatz") und einem kurzen Fußweg erreichen. Und auch hier staunen wir über den Nachwuchs, der nach „Pommes rut-wieß" oder Pasta schon wieder durch den Innenhof tobt, während wir den Tag bei einem Kölsch Revue passieren lassen.

NICHTS WIE HIN!

Spielen – in den Glowing Rooms

Minigolf ist spießig – was für ein Irrtum! Wer die Glowing Rooms in Köln-Ehrenfeld mit ihren 18 Bahnen in vier Spielwelten besucht, wird eines Besseren belehrt. Mithilfe von Chromadepht-Brillen und Schwarzlicht wird das Spielen in den von Künstlern gestalteten Räumen zu einem Minigolferlebnis der besonderen Art. Unbedingt vorher über die Website anmelden!

Glowing Rooms
Venloer Straße 383
50825 Köln
Tel. 0221/58 98 33 85
www.glowingrooms.de/koeln
Öffnungszeiten und Eintritt:
siehe Website

Köln

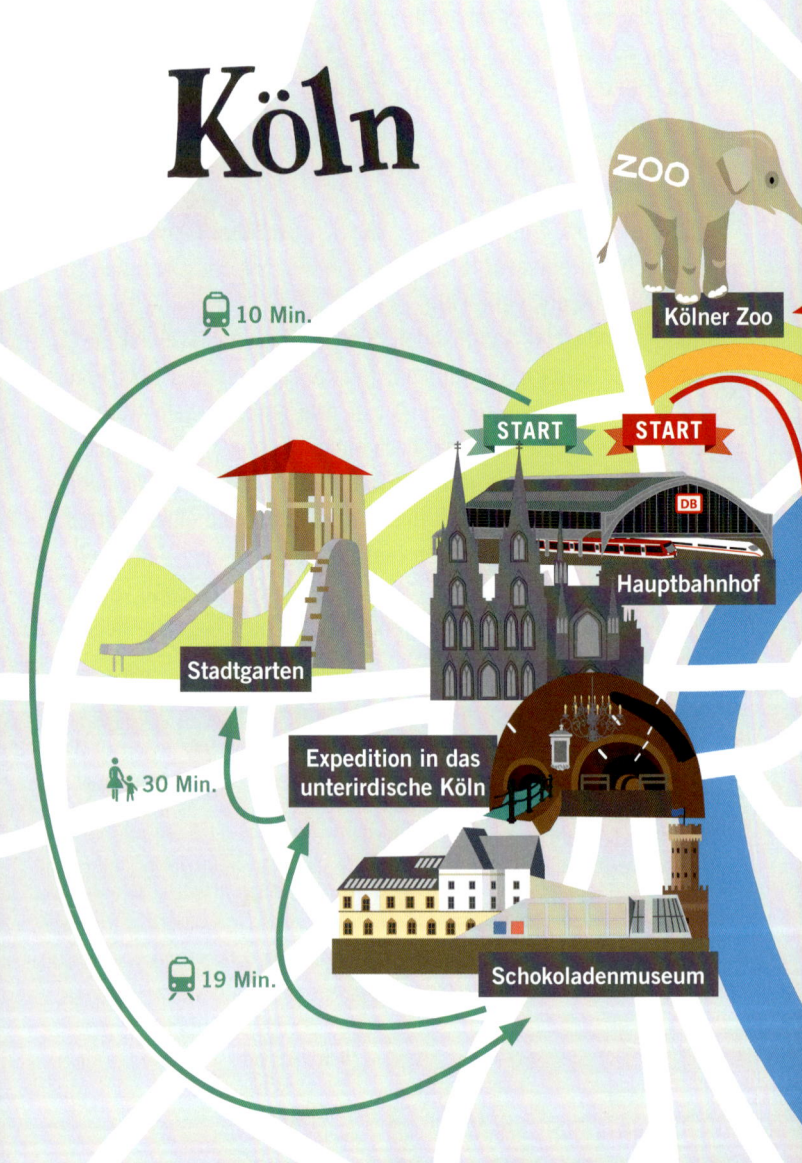

ZOO

Kölner Zoo

🚊 10 Min.

START

START

DB

Hauptbahnhof

Stadtgarten

Expedition in das
unterirdische Köln

🚶 30 Min.

🚊 19 Min.

Schokoladenmuseum

🚆 35 Min.

Claudius Therme

🚶 7 Min.

Rheinpark

Odysseum

🚶 11 Min.

KölnTriangle

🚆 8 Min.

🚶 13 Min.

TOUR 1

TOUR 2

So schnell ist
man am Ziel:

🚶 zu Fuß

🚆 mit ÖPNV

Wusstet Ihr, …

… dass am 11.11.2011 um 11.11 Uhr in der Kölner Innenstadt exakt 11 Grad Celsius gemessen wurden?

… dass schon die spektakuläre Anfahrt mit der Bahn über die Rheinbrücke und dem Dom vor der Nase die Vorfreude auf Köln riesig werden lässt?

GUTE NACHT!

Novotel Köln City

Das erst kürzlich renovierte 4-Sterne-Hotel am Rheinauhafen, nur wenige Schritte von der Altstadt entfernt, ist der ideale Ausgangspunkt für Entdeckungsreisen durch Köln. Familienzimmer, Spielbereiche und Kindermenüs sorgen auch bei jüngeren Gästen für Zufriedenheit. Die dürfen, wenn sie nicht älter als 16 sind, kostenlos im Zimmer ihrer Eltern oder Großeltern übernachten.

Bayenstraße 51, 50678 Köln
Tel. 0221/80 14 70
www.novotel.com

Hostel „die wohngemeinschaft"

Inmitten des angesagten Belgischen Viertels bietet das Hostel in 16 individuell eingerichteten Zimmern ein unverwechselbares Wohnerlebnis. Neben Einzel- und Doppelzimmern gibt es auch „Schlafsäle" für Gruppen oder vielköpfige Familien.

Richard-Wagner-Straße 39, 50674 Köln
Tel. 0221/98 59 30 91
www.die-wohngemeinschaft.net

Historische Figuren am Heumarkt

TOUR 2

Blick auf das Schokoladenmuseum

Süß und geheimnisvoll – Schokoladenmuseum und das unterirdische Köln

Heute geht es süß weiter. Wir steigen am Hauptbahnhof die Buslinie 133 und kommen in knapp zehn Minuten zum **Schokoladenmuseum**. Das liegt wie ein Schiff aus Glas und Aluminium im Kölner Rheinauhafen und hat eine unwiderstehliche Fracht geladen. Für unsere Kinder ist es natürlich beinahe eine Folter, sich zunächst über die Kulturgeschichte des Kakaos zu informieren, Interesse für die Schokoladengeschichten aus der Kindheit ihrer Eltern zu heucheln oder im Tropenhaus Kakaobäume und andere Pflanzen zu betrachten. Sie zieht es in die gläserne Schokoladenfabrik mit dem ewig sprudelnden Schokoladenbrunnen, wo sie endlich probieren dürfen. Später lernen sie dann in einem anderthalbstündigen Kurs, wie man feine

So wird leckere Schokolade gemacht!

Alter Abwasserkanal im unterirdischen Köln

Schokoladenkunstwerke selbst herstellt. Mal sehen, ob sie das Gelernte zu Hause umsetzen …

Nachdem wir uns im Shop mit verführerischen Vorräten eingedeckt haben, steigen wir wieder in die Buslinie 133 und fahren zurück zum Hauptbahnhof. Ganz in dessen Nähe, genauer gesagt am Römertorbogen auf der Domplatte, treffen wir uns mit den anderen Teilnehmern einer etwa zweistündigen **Expedition in das unterirdische Köln**, die der Verein RegioColonia neben vielen anderen Führungen anbietet. Gruselig ist das nicht, aber beeindruckend, wenn schon nach wenigen Stufen Zeugnisse der Stadthistorie sichtbar werden – die einstige römische Stadtmauer, Spuren des prachtvollen Prätoriums (Residenz des römischen Statthalters) oder ein früherer Abwasserkanal. Römer in Köln? Auch für Kinder eine spannende Geschichte, wenn sie sich in eine längst vergangene Epoche versetzen können.

TYPISCH!

Aufpassen – ein Halver Hahn
Zu einem Kölsch schmeckt ein Halver Hahn besonders gut. Dabei handelt es sich nicht um Geflügel, sondern um ein halbes Roggenbrötchen mit Gouda, Butter und Senf.

Wieder zurück an der Erdoberfläche müssen wir uns kurz an das Sonnenlicht gewöhnen. Dann laufen wir ein Stück die Hohe Straße, die alte Römerstraße, die heute eine der bekanntesten Einkaufsmeilen Deutschlands ist, entlang, biegen nach wenigen Hundert Metern nach rechts in die Minoritenstraße ab und kommen über die Breite Straße, die Ehrenstraße und die Maastrichter Straße nach rund 25 Minuten zum Brüsseler Platz im angesagten Belgischen Viertel. Hier ist selbst am frühen Sonntagnachmittag viel los, die Kneipen und Cafés sind voll. Wir biegen nach rechts in die Brüsseler Straße ein und probieren ein Eis in der Eisdiele **Ice Cream United**, die der Fußballer und kölsche „Stadtheilige" Lukas Podolski im Sommer 2017 hier eröffnet hat.

Schließlich erreichen wir unser letztes Ziel, den **Stadtgarten**. Dieser bereits im frühen 19. Jahrhundert angelegte Landschafts-

Ein Eis von Poldi

park ist aufgrund seiner zentralen Lage bei den Einheimischen sehr beliebt. Auf der Wiese chillen die Erwachsenen, während die Kinder zwischen alten Bäumen auf Entdeckungsreise gehen. Und was ist das, leuchtend grün und laut schimpfend? Das sind Halsbandsittiche, die in den 1960er-Jahren aus einem Zoo ausgebüxt sein sollen und seither Teile des Rheinlands erobert haben. Passt irgendwie zum lockeren kölschen

Lebensgefühl, denken wir, während wir auf der Terrasse des Stadtgarten-Restaurants einen Espresso trinken und die Kinder den Stadtgarten-Spielplatz erobern. Übrigens: Jeden Dezember findet im Stadtgarten einer der schönsten Weihnachtsmärkte im Rheinland statt.

TYPISCH!

FÜHLEN – DAS KÖLSCHE GRUNDGESETZ

Das Kölsche Grundgesetz ist kein Aufruf zum Verfassungsbruch, sondern besteht aus elf Redensarten, die das sprichwörtliche kölsche Lebensgefühl beschreiben. Zu den bekanntesten gehören „Et hätt noch emmer joot jejange" (Es ist noch immer gutgegangen) oder „Et kütt, wie et kütt" (Es kommt, wie es kommt).

Chillen im Stadtgarten

ADRESSEN

KölnTourismus Service Center
Kardinal-Höffner-Platz 1
50667 Köln
Tel. 0221/34 64 30
www.koelntourismus.de

SEHENSWERT

Claudius Therme
Sachsenbergstraße 1
50679 Köln
Tel. 0221/98 14 40
www.claudius-therme.de
Öffnungszeiten: Bade- und Saunaanlage
tägl. 9–24 Uhr, Wellnessanlage tägl.
10.30–22 Uhr
Eintritt: siehe Website

KölnTriangle
Ottoplatz 1
50679 Köln
Tel. 0221/355 00 41 00
www.koelntriangle.de
Öffnungszeiten: Okt.–Apr. Mo–Fr
12–20 Uhr, Sa, So, Feiertage 10–20 Uhr,
Mai–Sept. Mo–Fr 11–23 Uhr, Sa, So,
Feiertage 10–23 Uhr
Eintritt: 3 €, Gruppen ab 5 Personen pro
Person 2,50 €, Kinder bis 12 Jahre frei

Odysseum
Corintostraße 1
51103 Köln
Tel. 0221/69 06 81 11
www.odysseum.de
Öffnungszeiten: Di–Fr 9–18 Uhr, Sa, So,
Feiertage 10–19 Uhr, Sommerferien tägl.
10–19 Uhr
Eintritt: siehe Website

RegioColonia
Hohe Pforte 22
50676 Köln
Tel. 0221/965 45 95
www.regiocolonia.de
Preise Führungen: siehe Website

Schokoladenmuseum
Am Schokoladenmuseum 1a
50678 Köln
Tel. 0221/93 18 88-0
www.schokoladenmuseum.de
Öffnungszeiten: Mo–Fr 10–18 Uhr, Sa,
So, Feiertag 11–19 Uhr
Eintritt: Erwachsene 11,50 €, Kinder/
Jugendliche 7,50 €, Kinder unter 6
Jahren frei, Familienkarte 30 €

Kölner Zoo
Riehler Straße 173
50735 Köln
Tel. 0221/56 79 91 00
www.koelnerzoo.de
Öffnungszeiten: März–Okt. tägl.
9–18 Uhr, Nov.–Febr. 9–17 Uhr
Eintritt: Erwachsene 19,50 €, Kinder
(4–12 Jahre) 9 €

LECKER

Lokal Alte Feuerwache
Melchiorstraße 3
50670 Köln
Tel. 0221/73 73 93
www.feuerwache.lokal-koeln.com
Öffnungszeiten: tägl. 10–0 Uhr

Ice Cream United
Brüsseler Straße 71
50672 Köln
www.icecreamunited.com

Öffnungszeiten: Mo–Sa 11–22 Uhr,
So 13–21 Uhr

Stadtgarten
Venloer Straße 40
50672 Köln
Tel. 0221/95 29 94-0
www.stadtgarten.de
Öffnungszeiten: Café-Restaurant Mo–Do
12–1 Uhr, Fr, Sa 12–2 Uhr, So, Feiertage
10.30–1 Uhr, Gartenrestaurant „Al Bosco"
Di–Sa 18–24 Uhr

Erfurt

Erfurt hat eine der größten und schönsten Altstädte Deutschlands. Keine mit Häusern bebaute Brücke in Europa ist so lang wie die Krämerbrücke. Das sind Superlative für Erwachsene, doch auch für jüngere Besucher gibt es viel zu entdecken – etwa im Kinderkanal KiKA oder im egapark. Und die berühmten Thüringer Bratwürste schmecken sowieso in jedem Alter …

TOUR 1

Zauberhaft – Stadtführung und Galli Theater

Als wir unseren Kindern von der berühmten Erfurter Altstadt erzählt haben, löste das nicht unbedingt grenzenlosen Jubel über unser Reiseziel aus. Das hat unseren Ehrgeiz geweckt und so schicken wir den hoffnungsvollen Nachwuchs am ersten Tag auf eine **Kinderstadtführung**. Dafür laufen wir am Hauptbahnhof los und kommen nach gut einer Viertelstunde über die Bahnhofstraße und die Schlösserstraße zum Treffpunkt am Fischmarkt, wo schon andere Kinder darauf warten, dass die Führung beginnt. Unter den diversen Angeboten haben wir uns für das Stadtspiel

Die längste mit Häusern bebaute Brücke Europas

„Wahrheit oder Lüge?" entschieden. Keine schlechte Idee, wie wir knapp zwei Stunden später erfahren. Denn während wir durch die malerischen Gassen geschlendert sind, die **Krämerbrücke** und den **Erfurter Dom** bewundert haben, hatten unsere Kinder ziemlich viel Spaß. Die Fragen haben sie ganz lässig beantwortet und die lange Lügennase des Stadtführers fanden sie lustig. Einige Sehenswürdigkeiten kennen sie jetzt auch.

Blick auf die Krämerbrücke

Die „Arche Noah" im Naturkundemuseum

Vom Fischmarkt aus sind es nur wenige Schritte durch die Rumpelgasse zu unserer nächsten Station, dem **Naturkundemuseum**. Auf den ersten Blick ein merkwürdiger Ort, finden nicht nur unsere Kinder: Hier „wächst" ein Baum im Haus mitten durch vier Etagen – eine Stieleiche aus dem Thüringer Stadtwald, die 1991 im Alter von rund 350 Jahren gefällt wurde. Kein schlechtes Symbol, schließlich ist Erfurt die Hauptstadt von Thüringen und in dem Bundesland gibt es viel Wald – rund 330 Millionen Bäume sollen hier stehen.

Was es mit dem Wald und der Natur in Thüringen auf sich hat, das erfahren wir in den kommenden zwei Stunden. Und wir lernen so einiges – etwa, dass Totholz alles andere als tot ist, sondern die Heimat unzähliger Insekten und Kleinstlebewesen. Der Feldhamster atmet im Winterschlaf gerade einmal pro Minute, das können wir uns kaum vorstellen. Und Fledermäuse sind keine gruseligen Minivampire, sondern extrem faszinierende Tiere, von denen viele – oft unbemerkt – in unmittelbarer Nähe des Menschen leben. Im Keller des Museums erklärt uns Schiffsratte Rainer schließlich, wie es tatsächlich auf der Arche Noah zugegangen ist …

Deutlich schlauer als zuvor verlassen wir das Museum, halten uns am Ausgang rechts und laufen in rund 15 Minuten immer geradeaus über die „Große Arche", die „Lange Brücke" und die Eichenstraße zum **Café Wildfang**. Süße und herzhafte Leckereien in Bio-Qualität, Bücher, Spiele und ein Spielplatz vor dem Haus lassen keinen Wunsch offen. Satt und zufrieden freuen wir uns

jetzt auf den Abschluss dieses Tages, das Märchen „Sterntaler"
im **Galli Theater**.

Dafür laufen wir die gleiche Strecke wie eben wieder zurück und
kommen so in die Marktstraße. Das Galli Theater, nur eine Gehmi-
nute vom Dom entfernt, bietet in einem historischen Gewölbekel-
ler ein abwechslungsreiches Theaterprogramm für Kinder und
Erwachsene. Die preisgekrönten Kindertheaterstücke, frei nach
den Gebrüdern Grimm, ziehen Zuschauer jeden Alters immer wieder
in ihren Bann – so auch die Geschichte des Mädchens, das hin-
auszieht in die Welt und sich nicht mehr an den Rat ihrer Eltern
erinnern kann, ob es im Leben wichtig ist zu „geben" oder zu
„nehmen". Die Antwort darauf gibt es im Galli Theater.

Oben Merkwürdige Entlein
im Galli Theater
Unten Der Erfurter Dom

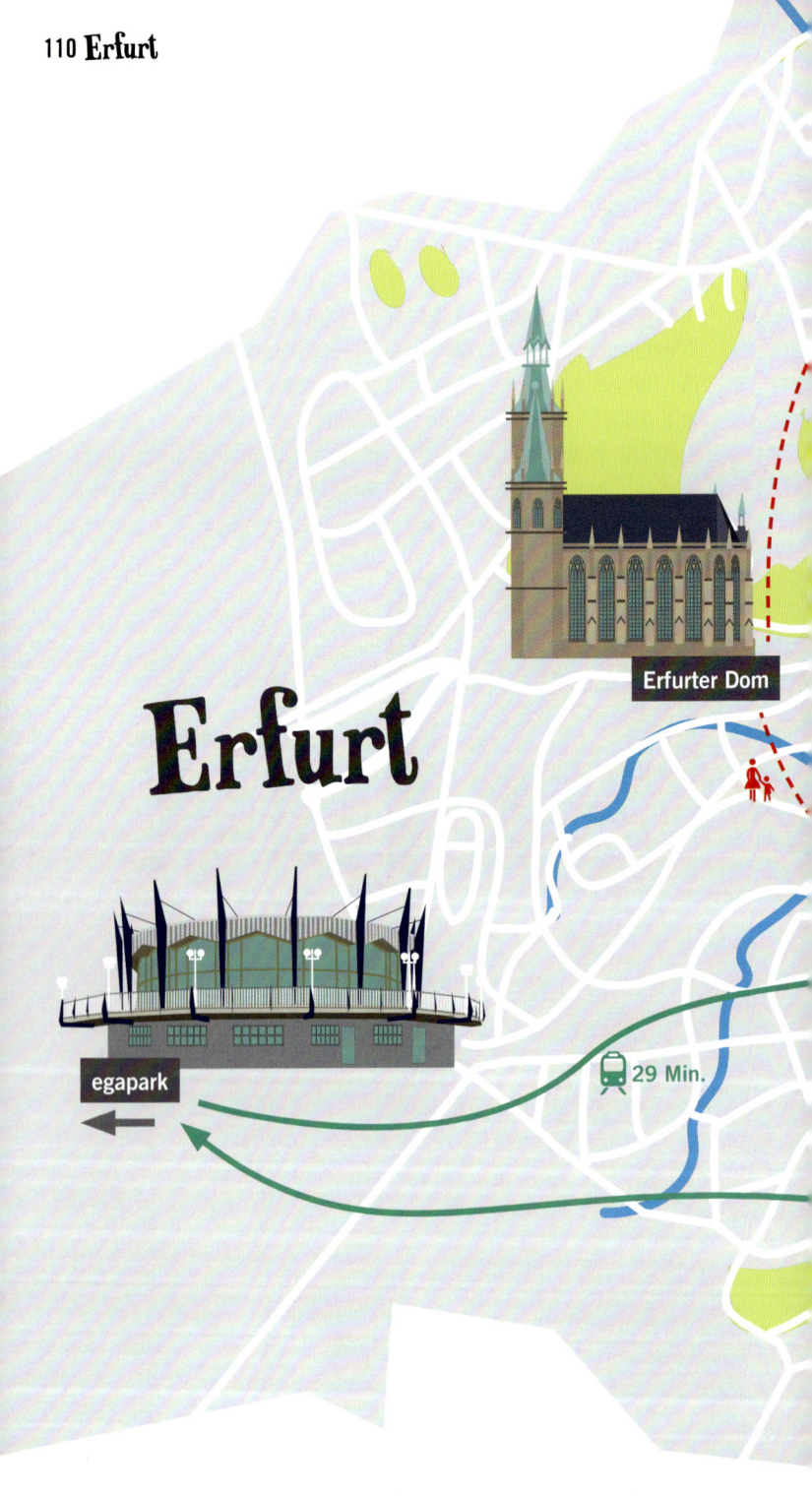

Erfurt

Erfurter Dom

egapark

29 Min.

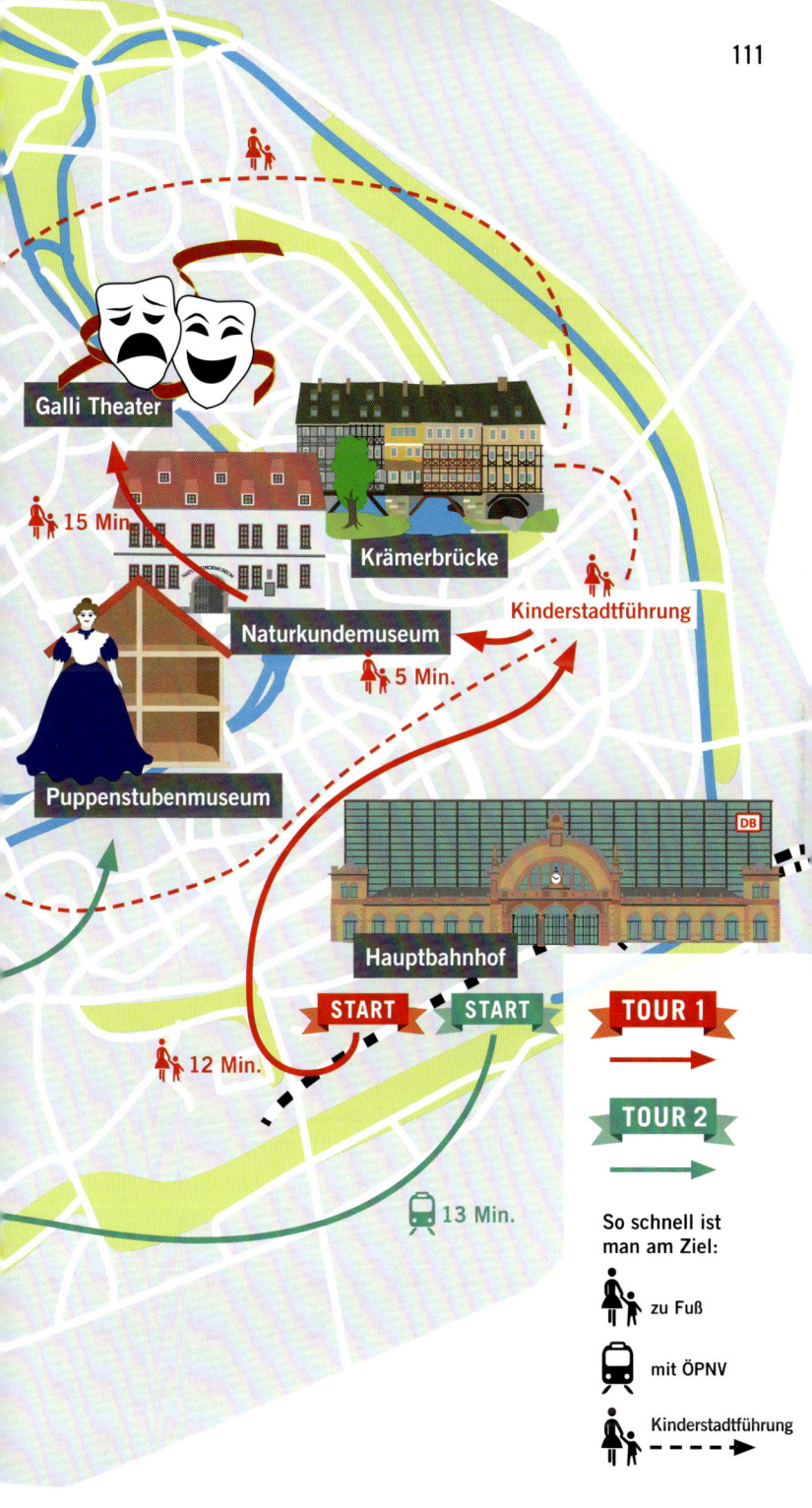

Galli Theater

15 Min.

Krämerbrücke

Naturkundemuseum

Kinderstadtführung

5 Min.

Puppenstubenmuseum

Hauptbahnhof

DB

12 Min.

START START

13 Min.

TOUR 1

TOUR 2

So schnell ist
man am Ziel:

zu Fuß

mit ÖPNV

Kinderstadtführung

Wusstet Ihr, …

… dass der ICE-Bahnhof Erfurt 2009 als deutscher „Großstadtbahnhof des Jahres" ausgezeichnet wurde?

… dass es in Erfurt auch „Ampelmännchen" mit Regenschirm, Hexenbesen oder Zuckertüte gibt?

… dass in Erfurt überall Figuren aus den KiKA-Sendungen stehen?

GUTE NACHT!

Hotel Am Kaisersaal

Das Hotel Am Kaisersaal liegt direkt im historischen Stadtzentrum von Erfurt. Junge Gäste sind hier besonders willkommen. Die familienfreundlichen Zimmer sind speziell gekennzeichnet, überall im Hotel weisen Tierfiguren den Weg. Für diese Zimmer können sich Gäste eine spezielle Baby- und Kleinkindausstattung reservieren lassen.

Futterstraße 8, 99084 Erfurt
Tel. 0361/65 85 60
www.bachmann-hotels.de

Hotel Krämerbrücke

Direkt am Wahrzeichen Erfurts liegt das Hotel Krämerbrücke. Für Familien mit zwei Kindern bis zu 12 Jahren gibt es spezielle Arrangements, etwa „Tierisches Erfurt" mit zwei Übernachtungen im Familienzimmer, einem Zoobesuch und weiteren Extras.

Gotthardtstraße 27
99084 Erfurt
Tel. 0361/67 40 44-4
www.bachmann-hotels.de

Ein Fest im egapark

Spielen draußen und drinnen – egapark und Puppenstubenmuseum

Am zweiten Tag unseres Erfurt-Besuchs zieht es uns zunächst nach draußen, genauer gesagt in den Erfurter Garten- und Freizeitpark – kurz **egapark**, der als einer der schönsten Freizeit- und Erholungsparks in Deutschland gilt. Dafür fahren wir vom Hauptbahnhof mit der Stadtbahnlinie 3, 5 oder 6 in wenigen Minuten bis zur Haltestelle „Anger", steigen dort in die S2 um und fahren bis zur Haltestelle „egapark". Das über 36 Hektar große Parkgelände liegt im Südwesten der Stadt auf dem Gelände der ehemaligen Festung Cyriaksburg aus dem 17. Jahrhundert und ist seit 1992 denkmalgeschützt. Zwischen 1961 und 1990 fand hier regelmäßig die Internationale Gartenbauausstellung (IGA) statt. Nach der Wartburg oberhalb Eisenachs gilt der egapark mit jährlich rund 450.000 Besuchern als die am zweithäufigsten besuchte Attraktion in Thüringen.

Auch heute ist einiges los, doch das fällt in dem weitläufigen Gelände kaum auf. Und es ist für jede Vorliebe etwas da: für uns das Tropenhaus mit den prächtigen Bromelien und dem Nachbau einer alten Maya-Siedlung, für die Kinder das Schmetterlingshaus, der Kinderbauernhof und natürlich der größte Spielplatz Thüringens mit Wasserbecken und Kletterfelsen. 2016 wurde der Spielplatz renoviert und kann seither neue Attraktionen aufweisen, die allesamt der Gartenwelt entlehnt sind, etwa Hackenknacken-Wippen, eine riesige Hüpfbohne und eine Erdbeerkaktusrutsche. Mit Blick auf die Bundesgartenschau 2021 in Erfurt werden in den nächsten Jahren weitere Highlights hinzukommen, wie ein Schneckenschleimschlund, ein Blumenkohlberg und eine Traktoren-Rennbahn. Das werden wir uns sicher demnächst ansehen.

Doch jetzt sind wir vollkommen platt, hungrig und durstig. Deshalb fahren wir mit der S2 gut zehn Minuten zurück in die Innenstadt, steigen an der „Langen Brücke" aus und laufen nach Norden am Domplatz vorbei in die Marbacher Gasse. Dort liegt das **Double B**, ein Restaurant mit Biergarten, in dem man den ganzen Tag (aber nicht nur) frühstücken kann. Ein Kinderspielplatz sowie freies WLAN tragen ebenfalls dazu bei, dass im Double B immer ordentlich Betrieb ist.

Idylle am Wasser in der Erfurter Innenstadt

Jugendstil-Kaufladen im Puppenstubenmuseum

Unsere letzte Station ist das Erfurter **Puppenstubenmuseum**. Dafür gehen wir die Marbacher Gasse ein kurzes Stück in Richtung Osten, biegen links in die Andreasstraße ein und passieren den Domplatz. An dessen südlichem Ende halten wir uns links in die Straße „An den Graden", die uns nach insgesamt zehnminütigem Fußmarsch zum „Fischersand" führt. Dort liegt das bezaubernde Kleinod, von Inhaberin und Sammlerin Steffi Rebettge-Schneider liebevoll zusammengestellt und gepflegt. Und sie teilt ihre Leidenschaft gern mit uns, erzählt Geschichten von den mehr als 60 Puppenstuben, Puppenküchen, Kaufläden, Bauernhöfen und vielen weiteren Attraktionen aus der Zeit zwischen 1890 und 1980. Nicht nur unsere Tochter ist begeistert, auch unser Sohn zeigt sich hoch interessiert daran, womit in Zeiten vor dem Smartphone so gespielt wurde. Steffi Rebettge-Schneider, die mit ihrer Sammlung zunehmend in andere Ausstellungen eingeladen wird, möchte mit ihrem Fundus auch das Gespräch zwischen den Generationen anregen. Bei uns ist ihr das vollauf gelungen.

NICHTS WIE HIN!

KiKA

1997 ging der Kinderkanal KiKA auf Sendung und gehört seither zum Leben vieler Kinder wie sein Star Bernd, das Brot. Was nicht jeder weiß: KiKA sitzt in Erfurt und kann besucht werden. Dafür gibt es verschiedene Angebote: So können Grundschulkinder an einem Trickfilm arbeiten und Ältere eine Sendung live besuchen. Unbedingt vorher anmelden! Da am Wochenende nicht produziert wird, gibt es dann auch keine Besuchsangebote.

Kinderkanal
Gothaer Straße 36
99094 Erfurt
Tel. 0180/21 51 51-4
Besuchsanfrage über www.kika.de/
p/besuchen/anfrageformular

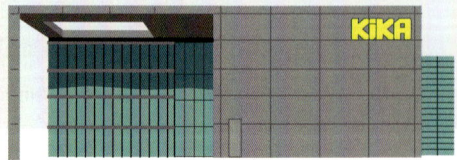

ADRESSEN

Erfurt Tourismus und Marketing GmbH
Benediktsplatz 1
99084 Erfurt
Tel. 0361/664 00
www.erfurt-tourismus.de

SEHENSWERT

egapark Erfurt
Gothaer Straße 38
99094 Erfurt
Tel. 0361/56 43 73-7
www.egapark-erfurt.de
Öffnungszeiten: 11. März–31. Okt.
tägl. 9–18 Uhr, 1. Nov.–10. März tägl.
10–16 Uhr
Eintritt: Erwachsene 8 €, erm. 6,50 €,
Familienkarte (2 Erwachsene, max.
3 Kinder von 7–16 Jahren) 22 €,
Familienkarte mini (1 Erwachsener,
max. 3 Kinder von 7–16 Jahren) 14 €

Erfurter Puppenstubenmuseum
Fischersand 6
99084 Erfurt
Tel. 0361/34 50 80-9
www.erfurter-puppenstubenmuseum.de
Öffnungszeiten: Di–Fr 11–16.30 Uhr,
Sa, So, Feiertage 10.30–16.30 Uhr
Eintritt: Erwachsene 4,50 €, erm. 3 €,
Kinder bis 3 Jahre frei

Galli Theater
Marktstraße 35
99084 Erfurt
Tel. 0361/66 38 20 91
www.galli-erfurt.de

Kinderstadtführung Erfurt
Krämerbrücke 31
99084 Erfurt
Tel. 0361/21 27 85 75
www.kinderstadtfuehrung.de
Preise: siehe Website

Naturkundemuseum
Große Arche 14
99084 Erfurt
Tel. 0361/65 55 68-0
www.naturkundemuseum-erfurt.de
Öffnungszeiten: Di–So 10–18 Uhr
Eintritt: Erwachsene 6 €, erm. 4 €,
Familienkarte 13 €, Kinder unter 6
Jahren frei

LECKER

Café Wildfang
Eichenstraße 7
99084 Erfurt
Tel. 0361/537 05 91
www.cafe-wildfang.de
Öffnungszeiten: Mo–Fr ab 9 Uhr, Sa ab
10 Uhr, So ab 14 Uhr

Double B
Marbacher Gasse 10
99084 Erfurt
Tel. 0361/21 15 12-1
www.doubleb-erfurt.de
Öffnungszeiten: Mo–Fr ab 8 Uhr,
Sa, So, Feiertage ab 9 Uhr

Dresden

Schon die Ankunft in Dresden ist standesgemäß: Nicht ohne Grund gilt der Dresdner Hauptbahnhof als einer der schönsten Bahnhöfe in Deutschland. Und wer ihn verlässt, bewegt sich zwischen Zwinger, Semperoper und Frauenkirche durch eine Bilderbuchkulisse. Das finden auch unsere Kinder, die viel Spaß haben werden mit der Parkeisenbahn, auf dem Abenteuerspielplatz Panama oder im Erlebnisland Mathematik.

TOUR 1

Originell mobil – vom Großen Garten zum „Blauen Wunder"

Wir fahren gern mit dem Zug, nicht nur mit dem ICE, der uns nach Dresden gebracht hat. Deshalb beginnen wir unseren Dresden-Besuch mit einer besonderen Bahnreise, nämlich in der **Parkeisenbahn**. Dafür starten wir vom Hauptbahnhof nach rechts in die Wiener Straße, biegen nach circa 500 Metern links in die Lennéstraße ab und laufen noch etwa zehn Minuten entlang des Zoologischen Gartens zum „Bahnhof am Straßburger Platz". Von dort aus startet seit mehr als 60 Jahren die Parkeisenbahn auf ihren rund 5,6 Kilometer langen Rundkurs durch den Großen Garten.

Der Dresdner Zwinger ist eines der bekanntesten Barockbauwerke Deutschlands.

Die Reisegeschwindigkeit von 20 Stundenkilometern ermöglicht es uns, ganz in Ruhe Sehenswürdigkeiten wie den Zoo, das romantische Carolaschlösschen oder das mitten im Großen Garten gelegene Palais, Sachsens ältester ba-

Mit der Parkeisenbahn unterwegs

rocker Prachtbau, zu betrachten. Wir haben uns angesichts des guten Wetters für einen offenen Wagen entschieden, was uns noch bessere Ein- und Ausblicke ermöglicht. Das Personal – Schaffner, Fahrdienstleiter oder Schrankenwärter – besteht übrigens ausschließlich aus Kindern, nur der Lokführer ist ein Erwachsener. Hier würde unser Nachwuchs auch gern arbeiten. Nach gut 30 Minuten ist die Reise leider schon vorüber – wie schön wäre es, wenn das Schienennetz der Dresdner Parkeisenbahn ausgebaut und die Fahrt länger dauern würde.

Vom Straßburger Platz laufen wir die Lennéstraße zurück und biegen rechts in die Helmut-Schön-Straße ein, benannt nach einem großen Sohn der Stadt: Der ehemalige Fußball-Bundestrainer, mit Deutschland Welt- und Europameister, stammte aus Dres-

NU!

Links Das Deutsche Hygiene-Museum *Rechts* Zwei Standseilbahnen begegnen sich.

den und war als Spieler mit dem Dresdner SC in den 1930er-Jahren überaus erfolgreich. So wie heute Thomas Müller, versuchen wir unseren skeptischen Sohn zu überzeugen. Nach wenigen Schritten kommen wir zum Lingnerplatz, wo wir das **Deutsche Hygiene-Museum** besuchen wollen. Der etwas merkwürdige Name stammt noch aus dem Gründungsjahr 1912, als der Dresdner Industrielle (und Odol-Erfinder) Karl August Lingner das Museum anlässlich der I. Internationalen Hygiene-Ausstellung gründete.

Es geht im Museum weniger um Hygiene als vielmehr um das Thema Mensch – in allen möglichen Facetten. Daran orientiert sich auch das integrierte Kinder-Museum „Unsere fünf Sinne", wo der Name Programm ist: Hier dürfen wir hören, sehen, fühlen, riechen und schmecken und dabei einiges über unseren Körper erfahren: Warum sehen Insekten schneller als wir? Warum haben wir zwei Ohren, wieso „fühlen" wir umso besser, je schlechter wir sehen? Die Antworten auf diese und viele andere Fragen haben nicht nur unseren Nachwuchs überrascht.

An der Haltestelle „Deutsches Hygiene-Museum" steigen wir in die Straßenbahn 4, fahren bis zum „Pohlandplatz" und von dort weiter mit der Buslinie 61 zum „Körnerplatz" im Stadtteil Loschwitz, wo wir nach insgesamt 25 Minuten Fahrtzeit ankommen. Hier startet ein weiteres originelles Dresdner Verkehrsmittel, die **Standseilbahn**. Die ist noch länger im Einsatz als die Parkeisenbahn, nämlich seit 1895, und steht seit 1984 unter Denkmalschutz. Fünf Minuten benötigt die Standseilbahn für die rund

550 Meter lange Strecke hinauf zur „Bergstation" im Villenviertel Weißer Hirsch, das Literaturkundigen durch Uwe Tellkamps preisgekrönten Roman „Der Turm" bekannt sein dürfte.

Dieses Viertel mit seinen prächtigen alten Villen schauen wir uns jetzt etwas genauer an, wandern von der „Bergstation" durch den Rißweg, den Karl-Schmidt-Weg und den Oberen Ziegengrundweg in einer guten halben Stunde in die Sierksstraße zur „Bergstation" eines anderen historischen Verkehrsmittels, der **Schwebebahn**. Die leistet seit 1901 ihren Dienst und verbindet seither in rund dreiminütiger Fahrtzeit die Loschwitz und die Oberloschwitz. Bevor wir die Gondel besteigen, gönnen wir uns noch einen Blick von der Aussichtsplattform hinunter ins Elbtal. Unten angekommen halten wir uns rechts und gelangen in nur wenigen Minuten zur **Loschwitzer Elbbrücke**, seit ihrer Eröffnung im Jahr 1893 wegen ihrer Farbe und ihrer – damals – herausragenden Architektur als „Blaues Wunder" bezeichnet. Dort lassen wir den Tag im **Elbegarten Demnitz** mit seinem schönen Spielplatz bei rustikaler Küche ausklingen.

Oben Merkwürdiger Spiegel im Kinder-Museum
Unten Biergarten am „Blauen Wunder"

Kuddeldaddeldu

Deutsches Hygiene-Museum

Hauptbahnhof

20 Min.

START

START

53 Min.

Dresden

Abenteuerspielplatz Panama

Standseilbahn

30 Min.

30 Min.

Loschwitzer Elbbrücke

18 Min.

Parkeisenbahn

10 Min.

Erlebnisland Mathematik

30 Min.

TOUR 1

TOUR 2

So schnell ist man am Ziel:

zu Fuß

mit ÖPNV

Wusstet Ihr, …

… dass der Dresdener Hauptbahnhof 2014 zum „schönsten Großstadtbahnhof in Deutschland" gewählt wurde?

… dass die Zahnpasta, der Teebeutel und die Milchschokolade (angeblich) in Dresden erfunden wurden?

… dass das Blattgold auf dem Goldenen Reiter an der Hauptstraße so dünn aufgetragen ist, dass man daraus noch nicht einmal einen Ring herstellen könnte?

GUTE NACHT!

Hotel Elbflorenz

Italienisches Flair in ruhiger und zentraler Altstadtlage bietet das Hotel Elbflorenz seinen Gästen. Für Familien – zwei Erwachsene und maximal drei Kinder bis 14 Jahre – gibt es ein besonders attraktives Angebot: zwei Übernachtungen in der Suite oder in zwei Zimmern mit Verbindungstür inklusive Frühstücksbuffet, freier Eintritt ins Deutsche Hygiene-Museum, zwei Familientickets für öffentliche Verkehrsmittel der Dresdner Verkehrsbetriebe sowie eine Überraschung für die Kinder.

Rosenstraße 36, 01067 Dresden
Tel. 0351/86 40-0
www.hotel-elbflorenz.de

Achat Comfort Dresden

Das Achat Comfort Dresden befindet sich nur etwa 15 Gehminuten vom Hauptbahnhof entfernt. Wer die Umgebung mit dem Fahrrad erkunden will, liegt mit dem vom ADFC ausgezeichneten „bett+bike-Hotel" genau richtig. Die familienfreundlichen Apartments haben ein Schlafzimmer mit Doppelbett, ein Wohnzimmer mit Schlafsofa und eine integrierte Küchenzeile. Zwei Kinder bis 14 Jahre übernachten hier kostenlos.

Budapester Straße 34, 01069 Dresden
Tel. 0351/47 38 00
www.achat-hotels.com

Abendstimmung an der Elbe

Tüfteln im Erlebnisland Mathematik

Regensicher und informativ – das Erlebnisland Mathematik und zwei Spielplätze

Heute Morgen sieht der Himmel grau aus. Dennoch wollen wir es wagen und einen ganz besonderen Spielplatz besuchen, den es in Dresden geben soll. Dafür steigen wir am Hauptbahnhof in die S7, wechseln am „Bischofsweg" in die 13 und kommen so nach knapp 20 Minuten in die „Görlitzer Straße" zum **Abenteuerspielplatz Panama**. Der wird gemeinsam von der Treberhilfe Dresden und dem Verein Panama betrieben, hat zahlreiche Angebote der offenen Kinder- und Jugendarbeit im Programm, kann aber auch spontan besucht werden.

Und in der Tat hat der Spielplatz, eine Oase in der recht turbulenten Dresdner Neustadt, einiges zu bieten. Es gibt Dreiräder, diverse Indianertipis, eine Kletterwand und ein Piratenschiff, das natürlich sofort gekapert wird. Milde gestimmt werden die jungen Freibeuter durch die vielen Tiere – unter anderem

Schafe, Ponys und Hasen –, die hier zu Hause sind. Wir wären vermutlich noch länger geblieben, wenn es nicht zu regnen begonnen hätte.

Deshalb brechen wir auf, fahren mit der S13 bis zum „Straßburger Platz" und steigen dort in die S10 um. Nach insgesamt rund 25 Minuten Fahrt steigen wir am „Pohlandplatz" aus, laufen die Schandauer Straße 200 Meter in Fahrtrichtung und stehen dann an der Ecke Junghansstraße vor dem **Erlebnisland Mathematik**, das in den Technischen Sammlungen Dresden beherbergt ist.

Unnötig zu betonen, dass dieses Ziel beim Nachwuchs zunächst auf Skepsis gestoßen ist. Die verfliegt aber rasch angesichts der ebenso intelligenten wie abwechslungsreichen Art und Weise, wie hier Mathematik vermittelt wird. Und was hätte aus uns werden können, wenn uns in der Schule Geometrie mithilfe eines „Dreiklangpolyeders" oder eines „Durchkrabbelknotens" vermittelt worden wäre und wir die Wahrscheinlichkeitsrechnung

So würde Mathe auch in der Schule Spaß machen.

mittels eines „Geldtonbretts" gelernt hätten. Zwei von mehr als 100 Experimenten, die wir leider nicht alle absolvieren können. Und die Jüngsten werden im Erlebnisland Epsilon spielerisch an Zahlen, Formen und Muster herangeführt.

Nie hätten wir gedacht, dass unsere Kinder nölen würden, wenn es ans Verlassen einer Einrichtung mit dem Schwerpunkt Mathematik geht – ist aber so. Da ist es gut, dass unser nächstes Ziel für gute Laune sorgt. Wir steigen am „Altmarkt" in die S9 und fahren in knapp 20 Minuten bis zur Haltestelle „ElbePark". Dort liegt der Indoor-Spielplatz **Kuddeldaddeldu**, benannt nach einem – etwas schrägen – Helden des Schriftstellers Joachim Ringelnatz. Hier warten Trampoline, eine Ritterburg, Ballkanonen, ein Zwergenland, eine Kinderdisco und zahlreiche weitere Attraktionen auf junge und bewegungshungrige Gäste. Hungrig sind wir anschließend alle, deshalb steigen wir wieder in die S9, fahren in gut 20 Minuten zurück zum Hauptbahnhof und lassen es uns gegenüber im **Achterbahnrestaurant Schwerelos** galaktisch gut schmecken. Eine Atmosphäre wie in einem Raumschiff, das „Verrückte Weltraumeis" oder das „Sternflottengeschnetzelte" kommen per „Achterbahn" auf den Tisch – lecker und sehr unterhaltsam!

NICHTS WIE HIN!

tjg. theater junge generation

Das tjg. theater junge generation steht seit seiner Gründung im Jahr 1949 für ein anspruchsvolles Kinder- und Jugendtheater, das sein junges Publikum ernst nimmt. Die Bandbreite reicht vom Puppentheater über Tanzstücke bis hin zum klassischen Schauspiel. Dabei werden immer wieder aktuelle gesellschaftliche Fragen aufgegriffen.

tjg. theater junge generation
Kraftwerk Mitte 1
01067 Dresden
Tel. 0351/32 04 27 04
www.tjg-dresden.de

NICHTS WIE HIN!

Verkehrsmuseum

Im Verkehrsmuseum beeindrucken schon die Dauerausstellungen mit außergewöhnlichen Exponaten, unter anderem einem Nachbau der „Saxonia", der ersten deutschen Dampflokomotive aus dem Jahr 1839. Kindern ist ein eigener Bereich gewidmet, mit einem Bobbycar-Verkehrsgarten, einem Wasserbecken mit steuerbaren Fährschiffen und einer großen Modelleisenbahn. Im Führerhaus einer Schmalspurbahn werden sie zu Lokführern, am Flugsimulator zu Piloten.

Verkehrsmuseum Dresden
Augustusstraße 1
01067 Dresden
Tel. 0351/86 44-0
www.verkehrsmuseum-dresden.de
Öffnungszeiten: *Di—So 10—18 Uhr*
Eintritt: *Erwachsene 9 €, erm. 4 €,*
Familien 15 €, Kinder bis 5 Jahre frei

ADRESSEN

Dresden Information
Hauptbahnhof, Wiener Platz 4
01069 Dresden
Tel. 0351/50 15 01
www.dresden.de

SEHENSWERT

Abenteuerspielplatz Panama
Seifhennersdorfer Straße 2
01099 Dresden
Tel. 0351/80 38 74-8
www.panama.treberhilfe-dresden.de
Öffnungszeiten: Mo–Mi 9–19 Uhr, Do,
Fr 9–14 Uhr, Sa, So 9–12 Uhr und
16–18.30 Uhr, März–Okt. Familien-
sonntag 13–18 Uhr
Eintritt: frei; eine Spende wird erbeten.

Deutsches Hygiene-Museum
Lingnerplatz 1
01069 Dresden
Tel. 0351/48 46-400
www.dhmd.de
Öffnungszeiten: Di–So 10–18 Uhr
Eintritt: Erwachsene 8 €, erm. 4 €,
Familienkarte 13 €, Kinder bis 16 Jahre frei

Erlebnisland Mathematik
Technische Sammlungen Dresden
Junghansstraße 1–3
(Eingang Schandauer Straße)
01277 Dresden
Tel. 0351/48 87 27-2
www.erlebnisland-mathematik.de
Öffnungszeiten: Di–Fr 9–17 Uhr, Sa, So,
Feiertage 10–18 Uhr

Eintritt: Erwachsene 5 €, erm. 4 €,
Familienkarte 12 €, Kinder unter
7 Jahren frei

Kuddeldaddeldu Kinderland
Peschelstraße 33
01139 Dresden
Tel. 0351/853 56 20
www.kuddeldaddeldu.de
Öffnungszeiten: Mo–Fr 14–19 Uhr, Sa,
Schulferien Sachsen 10–19 Uhr
Eintritt: siehe Website

Parkeisenbahn Dresden
Staatliche Schlösser, Burgen und Gärten
Sachsen gemeinnützige GmbH
Großer Garten
Hauptallee 5/Kavaliershaus G
01219 Dresden
Tel. 0351/44 56 79-5
www.parkeisenbahn-dresden.de
Fahrtzeiten: Zwischen Mitte April und
Anfang Oktober verkehren die Züge je
nach Witterung und Fahrgastaufkommen
täglich im Abstand von 10 bis 36 Minuten.
Preise: siehe Website

Stadtseilbahn Dresden
Körnerplatz
01326 Dresden
Tel. 0351/ 85 72 41-0
www.dresdner-bergbahnen.de
Fahrzeiten und Preise: siehe Website

LECKER

Achterbahnrestaurant Schwerelos
Wiener Platz 10
01069 Dresden
Tel. 0351/82 12 79 00
www.rollercoaster-dresden.de
Öffnungszeiten: tägl. 11–23 Uhr

Elbegarten Demnitz
Friedrich-Wieck-Straße 18
01326 Dresden
Tel. 0351/21 06 44-3
www.elbegarten.de
Öffnungszeiten: bei schönem Wetter
Mo–Fr 12–23 Uhr, Sa, So 11–23 Uhr

Essen

Essen – ist das nicht diese Kohle- und Stahlstadt im Ruhr-gebiet, wo einst die Wäsche beim Trocknen auf der Leine im Garten schwarz wurde? Das ist lange her. Heute ist Essen grün – so grün, dass die Stadt von der EU-Kommission zur „Grünen Hauptstadt Europas 2017" ausgerufen wurde und vor allem Kinder viel Platz zum Toben haben – spannende Ausflüge zu den alten Industriedenkmälern inklusive.

TOUR 1

Die schönste Zeche der Welt – Besuch auf Zollverein

Hier dürfen sich Kinder schmutzig machen.

K aum ein Ort verkörpert den rasanten Wandel im Ruhrgebiet so sehr wie die **Zeche Zollverein**. Bis 1986 wurden hier, in der ehemals größten Kokerei Europas, insgesamt rund 240 Millionen

Blick auf Zeche Zollverein

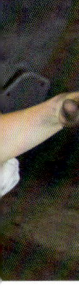

Tonnen Kohle abgebaut. Seither hat sich Zollverein, von vielen Experten als „schönste Zeche der Welt" bezeichnet, zu einem äußerst lebendigen Denkmal der Industriekultur entwickelt, mit verschiedenen Museen, Veranstaltungsorten, Cafés und Restaurants und sogar einem Schwimmbad. 2001 wurde die Zeche Zollverein von der UNESCO zum Weltkulturerbe ernannt.

Vom Essener Hauptbahnhof sind wir mit der S107 in rund 15 Minuten da. Am Eingang „Am Ehrenhof" ist einer von vielen Infopunkten, dort schnappen wir uns einen Plan für das rund 100 Hektar große Gelände. Das etwa 55 Meter hohe Doppelbockfördergerüst, der „Eiffelturm des Ruhrgebiets", bietet zwar eine gute Orientierung, aber wir wollen sichergehen. Und während unsere Kinder im Rahmen der zweistündigen Führung „Wir sind die Koksmeister!" lernen, wie Kohle zu Koks wird, staunen wir darüber, wie grün es hier ist. Bei der zentralen Veranstaltung zum bundesweiten „Tag der Artenvielfalt" im Juni 2017 wurden hier mehr als 800 Tier- und Pflanzenarten gezählt! Ein schönes Symbol für die Rückkehr der Natur ist der Honig „Zechengold", der von Bienenvölkern auf Zollverein produziert wird und jedes Jahr zu Weihnachten schon nach kurzer Zeit im Café „die Kokerei" ausverkauft ist.

Wir können nicht alle Museen auf Zollverein besuchen, aber am **Red Dot Design Museum** kommen wir dann doch nicht vorbei.

Die rund 2.000 Gebrauchsgegenstände aus 45 Ländern, die hier auf fünf Etagen präsentiert werden, wurden in einem der weltweit größten Designwettbewerbe ausgezeichnet – dem Red Dot Design Award. Einiges davon ist ziemlich schräg, etwa der Ultraleicht-Tragschrauber. Wir holen uns bei den Entwürfen eines führenden Sanitärherstellers Anregungen für die künftige Badezimmereinrichtung. Und spätestens, als unsere Kinder die zugegebenermaßen schönen Exponate einer bekannten Computerfirma entdecken, finden sie dieses Museum richtig cool.

Richtig cool wird es jetzt auch zum Abschluss unseres Zollverein-Besuchs. Es ist warm, wir sind in den NRW-Sommerferien gekommen und jeder von uns kann schwimmen – damit sind alle Voraussetzungen erfüllt für den Sprung in einen strahlend blauen Pool. Das durchgehend 2,40 Meter tiefe **Werksschwimmbad** ist zwar nur 12 x 5 Meter groß, die beiden aneinander geschweißten Überseecontainer bieten aber dennoch vor der Kulisse der alten Koksofenbatterie … ein Schwimmvergnügen der besonderen Art. Beim abschließenden Besuch des Café/Restaurants **„die Kokerei"** denkt der Nachwuchs bei „Kumpel" (Geflügelgeschnetzeltes) und „Kinder Pannschüppe" (Schnitzel mit Pommes) laut darüber nach, wie sich so ein Schwimmbad daheim installieren lässt.

Links Abtauchen im Werksschwimmbad **Rechts** Kunst im Red Dot Design Museum

NICHTS WIE HIN!

Baldeneysee

Der Baldeneysee im Essener Süden ist vor allem bei schönem Wetter eine Top-Adresse für Erholungsuchende und Freizeitsportler. Auf den gut ausgebauten Wegen tummeln sich Radfahrer, Inline-Skater, Jogger und Spaziergänger. Das Wasser ist das Revier von Kanuten, Seglern und Ruderern. Familien fahren gern mit einem Schiff der Weißen Flotte über den See. Zahlreiche Restaurants und Biergärten laden Besucher zum Verweilen ein. Und über dem See thront die berühmte Villa Hügel, der einstige Wohnsitz der Essener Stahldynastie Krupp.

Baldeneysee
Freiherr-vom-Stein-Straße 206a, 45133 Essen
www.baldeneysee.ruhr

Essen

TOUR 1

TOUR 2

So schnell ist
man am Ziel:

zu Fuß

mit ÖPNV

Grugapark

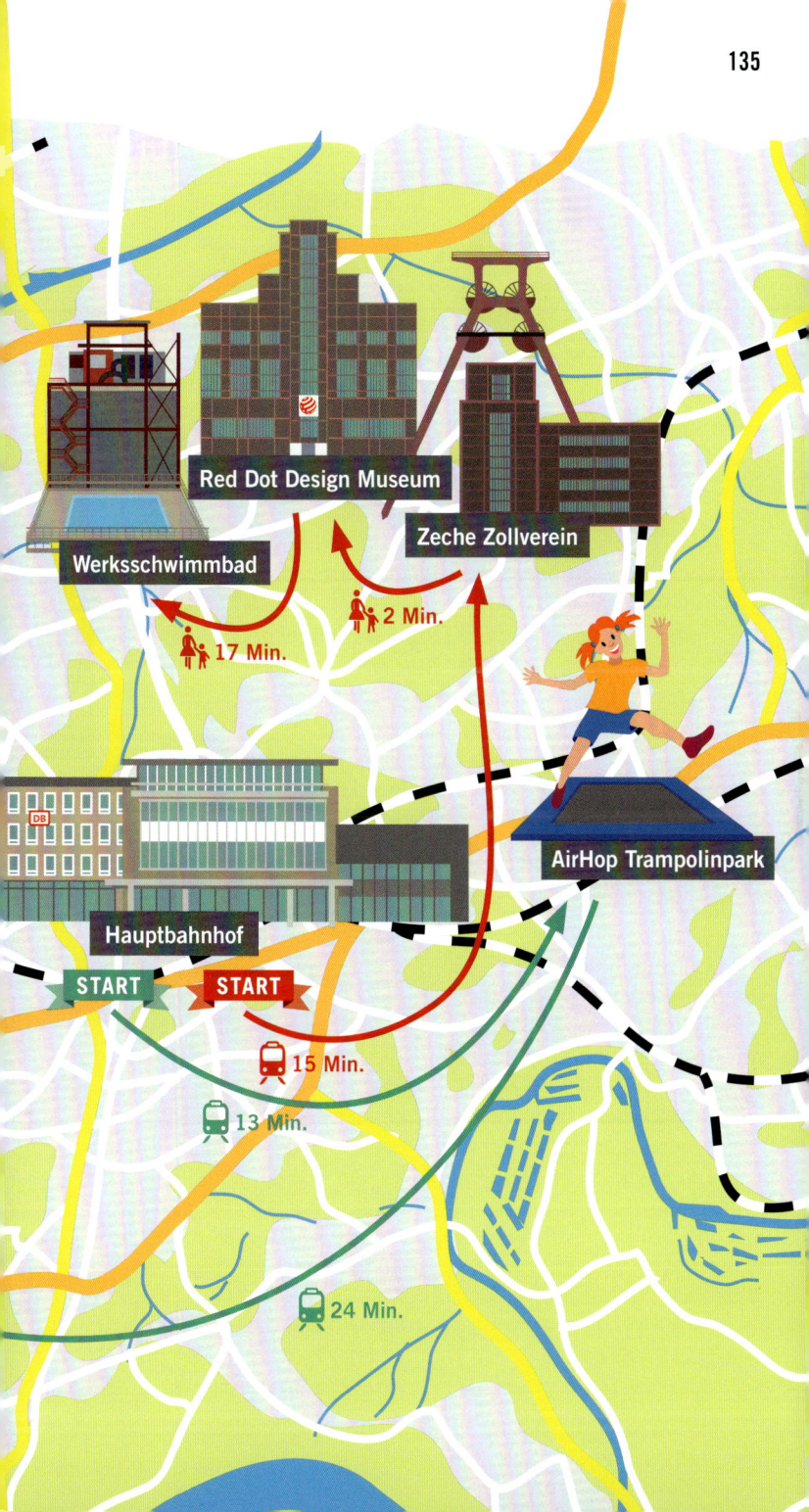

Red Dot Design Museum

Zeche Zollverein

Werksschwimmbad

17 Min.

2 Min.

AirHop Trampolinpark

Hauptbahnhof

DB

START

START

15 Min.

13 Min.

24 Min.

Wusstet Ihr, …

… dass im Essener Stadtteil Freisenbruch ein altes Förder-
gerüst aus dem Bergbau als Kirchturm verwendet wird?

… dass die Villa Hügel mit 269 Räumen
und 8.100 Quadratmetern Wohn-und Nutzfläche
das größte Wohnhaus Deutschlands ist?

… dass die zweijährlich in Essen stattfindende Equitana
die größte Pferdemesse der Welt ist?

GUTE NACHT!

Sheraton Essen
Die großzügigen Familienzimmer
im direkt am Stadtpark gelegenen
Sheraton-Hotel bieten mit rund 66
Quadratmetern ausreichend Platz
zum Spielen und Entspannen.
Wer einen Babysitter bzw. ein
Babyfon benötigt oder ein Zustell-
bett braucht – einfach an der Re-
zeption fragen. Im hauseigenen
Restaurant gibt es ein spezielles
Kindermenü.

Huyssenallee 55
45128 Essen
Tel. 0201/10 07-0
www.sheratonessen.com

Stadt-Gut-Hotel Rheinischer Hof
Das Hotel liegt in einer ruhigen
Seitenstraße im Essener Süden.
Zum Grugapark sind es nur weni-
ge Minuten zu Fuß. Ein zusätzli-
ches Kinderbett schafft in den vier
gemütlichen Drei-Bett-Zimmern
Platz für eine vierköpfige Familie.
Dass der Inhaber offensichtlich
Goethe-Fan ist, schadet der litera-
rischen Bildung des Nachwuch-
ses keineswegs. Und das große
Frühstücksangebot macht alle
glücklich.

Hedwigstraße 11, 45130 Essen
Tel. 0201/78 10 74
www.rheinischer-hof-essen.de

Pflanzenschauhäuser im Grugapark

Hoch und weit –
beim Trampolinspringen im AirHop

Nach einer Nacht im seligen Tiefschlaf erwachen unserer Kinder ziemlich aufgeregt, denn heute wird Trampolin gesprungen, und zwar im **AirHop**, einer der größten Trampolinhallen des Ruhrgebiets. Dafür steigen wir am Hauptbahnhof in einen Nahverkehrszug und fahren in nur drei Minuten bis zum Bahnhof Essen-Kray. Von dort sind es gerade mal zehn Minuten zu Fuß durch den Pramenweg zum AirHop.

Fünf Jahre alt muss man mindestens sein, um hier zu springen – diese Voraussetzung erfüllen wir. Wir haben vorab für eine Stunde gebucht und die nutzen wir auch weidlich aus: Im XXL-Trampolinfeld ist alles darauf ausgerichtet, mit jedem Sprung weiter und höher zu kommen, die weiche Schaumstoffgrube verleitet zu immer waghalsigeren Sprüngen, beim Dodgeball erinnern wir uns an die Völkerballschlachten auf dem Schulhof und an der Trampolin-Basketball-Station wandeln wir auf den Spuren von Dirk Nowitzki. Beim Wipe Out, wo man beim Springen beständig von beweglichen Figuren gestört wird, lassen wir unserer Schadenfreude freien Lauf – bis es uns selbst erwischt!

Nach so viel action wollen wir den Rest des Tages etwas ruhiger angehen. Deshalb fahren wir zurück zum Hauptbahnhof, steigen dort in die U11 und rauschen in fünf Minuten bis zur Haltestelle „Messe Ost/Gruga". Unser Ziel ist der **Grugapark**, ein wunderbarer, rund 60 Hektar großer Landschaftspark mit riesigen alten Bäumen, die uns an einem warmen Tag wie heute Schatten

Oben Hoch springen, weich landen im AirHop
Unten Kranichwiese im Grugapark

NICHTS WIE HIN!

Phänomenia Erfahrungsfeld

In unmittelbarer Nähe zur Zeche Zollverein lädt das Phänomenia Erfahrungsfeld an mehr als 120 Experimentierstationen zu einer spannenden Forschungsreise in die Welt der physikalischen Phänomene und menschlichen Sinne ein. Wer also aus einer kleinen Flamme einen Feuertornado produzieren oder die Fähigkeiten seines Geruchssinns testen will, ist hier genau richtig. Anfassen und ausprobieren sind ausdrücklich erwünscht!

Phänomania Erfahrungsfeld
Am Handwerkerpark 8–10
45309 Essen
Tel. 0201/30 10 30
www.erfahrungsfeld.de
Öffnungszeiten: *Mo–Fr 9–18 Uhr,*
Sa, So, Feiertage 10–18 Uhr
Eintritt: *Erwachsene 7,50 €,*
erm. 7 €, Schüler (6–17 Jahre)
6 €, Kinder (3–5 Jahre) 4 €

spenden. Unsere Kinder steuern sofort den ganzjährig geöffneten Kleintiergarten an, um Ziegen, Kaninchen und sogar das Hängebauchschwein zu streicheln. Geschmackssache. Anschließend geht es auf den Spielplatz in der Mitte des Tiergartens, einer von vielen im Grugapark, der auch im Winter seinen Reiz hat – besonders dann, wenn Schnee liegt.

Wir schlendern durch den Botanischen Garten mit seinen unterschiedlichen Themenbereichen, vom Feuchtbiotop bis zum Bergnebelwald. Überall im Park stehen Skulpturen und Plastiken berühmter Künstler, etwa von Henry Moore oder Alfred Hrdlicka. In der Nähe der Vogelfreifluganlage gibt es einen Barfußpfad, auf dem wir die Sensibilität unserer Fußsohlen testen. So geht der Nachmittag schnell dahin – entspannt und gleichzeitig voller Anregungen. Deshalb überrascht es uns beinahe, dass wir plötzlich Hunger haben – ein Problem, das sich in der **Orangerie,** mit großem Innenraum und Außenterrasse, rasch in allseitige Zufriedenheit auflöst.

Dahlienarena – im Frühjahr ein Tulpenmeer – und Musikpavillon im Grugapark

ADRESSEN

Touristikzentrale Essen
Am Hauptbahnhof 2
45127 Essen
Tel. 0201/88 72 33-3
www.essen-tourismus.de

SEHENSWERT

AirHop Trampolinpark Essen
Am Zehnthof 194
45307 Essen
Tel. 0180/12 33 21-0
www.airhoppark.de
Öffnungszeiten: Di–Fr 14–21 Uhr, Sa, So
10–21 Uhr, Feiertage und Schulferien
tägl. 10–21 Uhr
Eintritt: siehe Website

Grugapark
Norbertstraße 2
45131 Essen
Tel. 0201/88 83 10-6
www.grugapark.de
Öffnungszeiten: tägl. 9 Uhr bis Einbruch
der Dunkelheit
Eintritt: Erwachsene 4 €, erm. 2,50 €,
Kinder/Jugendliche (6–15 Jahre) 1,20 €,
Familienkarte 8,50 €, Single-Familien
(1 Erwachsener mit maximal 4 Kindern
von 6–15 Jahren) 6 €

Red Dot Design Museum
Welterbe Zollverein
Areal A (Schacht XII), Kesselhaus (A7)
Gelsenkirchener Straße 181
45309 Essen
Tel. 0201/30 10 46-0
www.red-dot-design-museum.de
Öffnungszeiten: Di–So, Feiertage
11–18 Uhr
Eintritt: Di–Do, Sa, So Erwachsene 6 €,
erm. 4 €, Kinder bis 11 Jahre frei,
Fr nach eigenem Ermessen
(Pay-What-You-Want)

Zeche Zollverein
Areal B (Schacht 1/2/8), Direktion (B57)
Bullmannaue 11
45327 Essen
Tel. 0201/24 68 10
www.zollverein.de
Öffnungszeiten: tägl. 6–24 Uhr
Eintritt: frei

LECKER

„die Kokerei"
Kokereiallee 71 – Gebäude C70
45141 Essen
Tel. 0201/83 01 29-8
www.die-kokerei.de
Öffnungszeiten: Di–So 12–20 Uhr

Orangerie
Virchowstraße 167
45147 Essen
Tel. 0201/61 53 70-0
www.orangerie-grugapark.de
Öffnungszeiten: tägl. 10–20 Uhr

Dortmund

Stahl, Bier und der BVB dürften den meisten von uns einfallen, wenn wir an Dortmund denken. Das ist nicht falsch, doch die Ruhrgebietsmetropole hat sich in den letzten Jahren enorm entwickelt und viel mehr zu bieten: spannende Ausstellungen für Kinder, weitläufige Parks und vielfältige Freizeitangebote für die ganze Familie. Hier werden wir viel Neues entdecken und dabei doch überall auf Spuren der stolzen Vergangenheit stoßen.

TOUR 1

Grün und gelb-schwarz – Westfalenpark und Borusseum

„Ab ins Grüne" lautet unsere Devise für den Start unseres Dortmund-Besuchs. Klingt zunächst merkwürdig für diese alte Industriestadt, doch rund 50 Prozent der Westfalenmetropole sind tatsächlich grün. Und besonders grün ist es im **Westfalenpark**, den wir vom Hauptbahnhof in nicht einmal zehn Minuten mit der U45 erreichen. Der rund 70 Hektar große Park, der seine heutige Gestalt zur Bundesgartenschau 1959 erhielt, gilt als eine der schönsten Freizeitanlagen des gesamten Ruhrgebiets – mit Recht.

Oben *Blick über Dortmund*
Unten *Bequem durch den Westfalenpark*

Eigentlich sollten wir uns einen ganzen Tag Zeit für den Park nehmen. Doch da wir später noch einiges vorhaben, müssen wir eine Auswahl treffen. Dafür brauchen wir einen Überblick und den bekommen wir auf der Aussichtsplattform des rund 210 Meter hohen Florianturms. Den Überblick haben wir jetzt, allerdings nicht nur über den Park, sondern über das gesamte Ruhrgebiet. Zur Feier seines 40. Geburtstags und dem des Westfalenparks 1999 trug der Turm übrigens eine gewaltige, 58 Meter lange Krawatte, da wären wir gern dabei gewesen.

Zurück auf der Erde lassen wir uns treiben, durch verschiedene Themengärten, vorbei an Minigolfplätzen, Socceranlagen oder tollen Spielplätzen, durch eine Steppe und ein Moor … der Westfalenpark bietet in der Tat ein All-inclusive-Paket. Ein konkretes Ziel haben wir aber doch noch, das **Kindermuseum mondo mio!** im Westfalenpark, das mit Alltagsgegenständen aus aller Welt zum Verständ-

nis für andere Kulturen anregen will und dabei überraschende Zusammenhänge demonstriert: Warum zum Beispiel muss eine Familie im südamerikanischen Regenwald umziehen, nur weil wir so gern Hamburger essen? Wieso reist ein T-Shirt um die ganze Welt, bevor es im Laden liegt? Darüber diskutieren wir eifrig, während wir uns im **Schürmanns** stärken, wo es zum Glück vor allem regionale – und ausgesprochen leckere – Produkte gibt. Die Kinder im Sandkasten haben wir von der Terrasse aus gut im Blick.

Über den Ausgang Florianstraße kommen wir wieder zur Haltestelle „Westfalenpark" und fahren zwei Stationen mit der U45 bis zum Stadion. Genauer gesagt zum Signal Iduna Park, für viele das Mekka des deutschen Fußballs. Der BVB hat heute

Der Westfalenpark mit Florianturm im Winter

ein Auswärtsspiel, eine gute Gelegenheit für uns, im **Borusseum** vorbeizuschauen, dem Museum von Borussia Dortmund.

Man muss kein eingefleischter Fußballfan sein, um hier die Bedeutung zu spüren, die dieser Sport für die Menschen in Dortmund – und im gesamten Ruhrgebiet – seit Langem hat. Die zahlreichen Exponate und natürlich die gewonnenen Trophäen sind Zeugen einer Vereinsgeschichte, die vor allem von der geradezu bedingungslosen Treue der Anhänger geprägt ist. Als besonderes Highlight haben wir eine Stadiontour gebucht – und auch wenn die 80.000 Plätze heute leer sind, so spüren wir doch eine ganz besondere Atmosphäre, wenn wir aus der Mannschaftskabine durch den Spielertunnel auf den Platz laufen. Und unser Sohn wird in den nächsten Monaten beim Training seiner E-Jugend noch intensiver an seiner künftigen Profikarriere feilen.

Oben Blick vom Florianturm
Unten Pilgerstätte für Fans der Borussia – Borusseum

Kokerei Hansa

7 Min.

TOUR 1

TOUR 2

DASA

So schnell ist
man am Ziel:

zu Fuß

mit ÖPNV

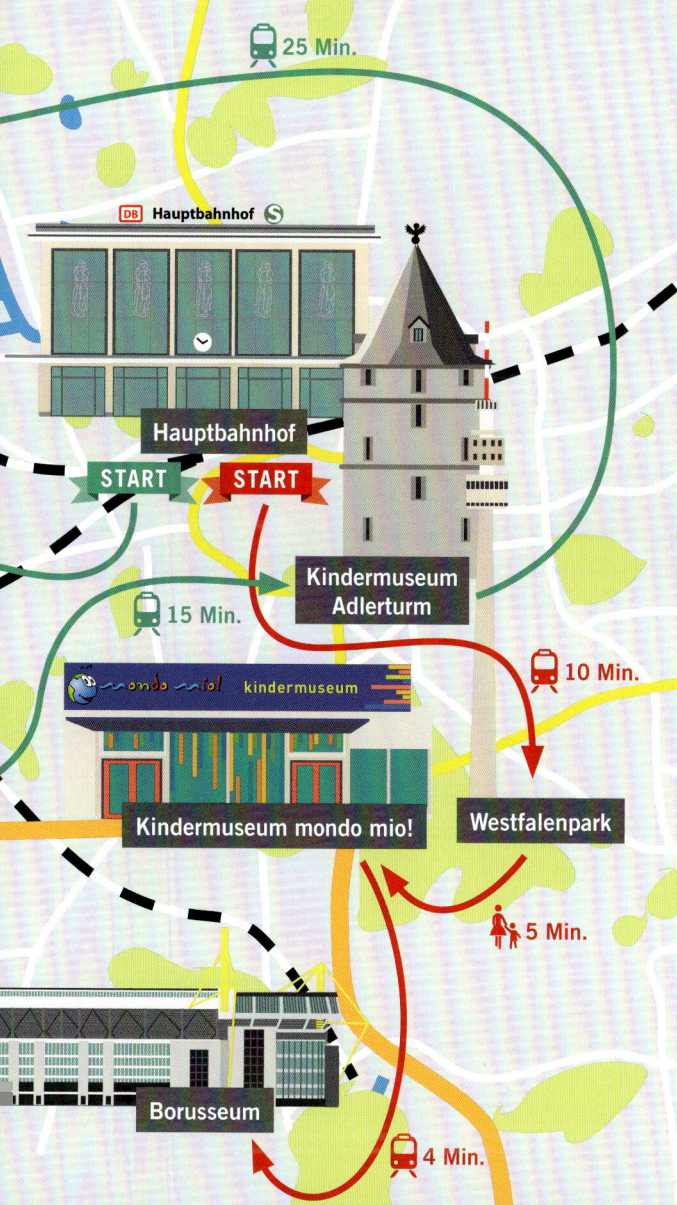

Dortmund

🚊 25 Min.

DB Hauptbahnhof **S**

Hauptbahnhof

START **START**

🚊 15 Min.

Kindermuseum
Adlerturm

🚊 10 Min.

mondo mio! kindermuseum

Kindermuseum mondo mio!

Westfalenpark

👩‍👧 5 Min.

Borusseum

🚊 4 Min.

Wusstet Ihr, …

… dass im Empfangsgebäude des Dortmunder Hauptbahnhofs früher ein Kino untergebracht war?

… dass der geografische Mittelpunkt Nordrhein-Westfalens im Dortmunder Stadtteil Aplerbeck liegt?

Der Phönixsee wurde 2011 auf dem Areal eines ehemaligen Stahlwerks angelegt.

GUTE NACHT!

NH Hotel

Das NH Hotel in der Nähe des Dortmunder Hauptbahnhofs hat geräumige Familienzimmer mit getrennten Wohn- und Schlafbereichen. Geschäfte, Restaurants und öffentliche Verkehrsmittel zum Stadion von Borussia Dortmund sind nur einen Katzensprung entfernt. Am Sonntag ist eine späte kostenfreie Abreise bis 17 Uhr möglich.

Königswall 1, 44137 Dortmund
Tel. 0231/90 55-0
www.nh-hotels.de/hotel/nh-dortmund

B&B Hotel Dortmund-Messe

Kultur in den Westfalenhallen, Freizeitspaß, Flohmärkte und Veranstaltungen im Westfalenpark, Fußball im Signal Iduna Park: Die Familienzimmer des B&B Hotels Dortmund-Messe sind durch die Nähe zu allen wichtigen Veranstaltungsorten die ideale Unterkunft für einen Dortmund-Besuch. Für einen Aufschlag von acht Euro ist sogar der Familienhund mit dabei.

Wittekindstraße 106, 44139 Dortmund
Tel. 0231/54 95 50
www.hotelbb.de/de/dortmund-messe

Familienführung durch die Kokerei Hansa

Arbeit heute und gestern – DASA und Kokerei Hansa

Die Faszination des Stadionbesuchs hat noch bis heute Morgen angehalten. Allerdings schlägt uns das schlechte Wetter etwas auf die Stimmung. Die hellen wir auf durch einen Besuch der **DASA**, Deutschlands größter Ausstellung zur Arbeitswelt, die wir vom Hauptbahnhof in nur vier Minuten mit der S1 erreichen. Was die Bundesanstalt für Arbeitsschutz und Arbeitsmedizin hier auf die Beine gestellt hat, ist aller Ehren und einen ausführlichen Besuch wert.

Das Angebot ist gewaltig. Im Lkw-Simulator mit originaler Geräuschkulisse und echtem Fahrgefühl werden wir zu Königen der Landstraße. Unsere Kinder haben besonders viel Freude im „DASA-DROM", wo sie in kleinen Gondeln durch ein gruseliges Warenlager fahren, in dem Regale umkippen oder Stolperfallen liegen – „innerbetrieblicher Transport" als spaßig-chaotisches Event. Die „Straßenbahn nach Wambel" zeigt, wie öffentlicher Nahverkehr vor mehr als 80 Jahren funktionierte, und im „Irrgarten für die Sinne" lernen wir, welch ein tolles Organ unser Gehirn doch ist.

Wir fahren zurück zum Hauptbahnhof, steigen dort in die
U47 und rauschen in drei Minuten zur Station „Stadtgarten".
Unser nächstes Ziel ist das
Kindermuseum Adlerturm, wo
heute auch mal unsere Jüngsten auf ihre Kosten kommen
sollen – und werden. Sie haben großen Spaß daran, in
alte Kleider und Rüstungen zu
schlüpfen, eine alte Tretmühle
zu bedienen, die Stadt gegen
Angreifer zu verteidigen oder
sich als kleine Archäologen zu
betätigen. Und fast nebenbei
wird so die längst vergange-

*Das BauSteinReich (oben)
und der Farnwald in der DASA*

NICHTS WIE HIN!

Entspannen im Rombergpark

Der Rombergpark wurde einst als englischer Landschaftspark angelegt. Mittlerweile ist der Botanische Garten ein Naturparadies mitten in der Großstadt mit rund 4.500 Baum- und Gehölzarten aus aller Welt. In vier Schauhäusern wachsen Pflanzen aus wärmeren Klimazonen, an den Teichen tummeln sich Kröten und Frösche und ein Eiskeller aus dem 19. Jahrhundert ist heute ein Fledermaushotel. Bei öffentlichen Führungen sind Kinder unter 14 Jahren kostenlos dabei, auf dem Spielplatz im Park sowieso.

Rombergpark
Am Rombergpark 35a
44225 Dortmund
Tel. 0231/50 24 16-4
www.rombergpark.dortmund.de
Öffnungszeiten: *tägl. durchgehend*
Eintritt: *frei*

ne Epoche der mittelalterlichen Reichsstadt Dortmund wieder zu neuem Leben erweckt – eine gute Idee, hervorragend umgesetzt. Anschließend nehmen wir wieder die U47, um nach rund 20-minütiger Fahrt (bis Haltestelle „Parsevalstraße") in der stillgelegten **Kokerei Hansa** eine andere, für die Region ehemals wichtige Epoche zu inspizieren. Noch bis 1992 wurde hier bei mehr als 1.000 Grad Celsius Steinkohle zu Koks gebacken. Daran erinnern noch der alte Kohleturm, die Ofenbatterie und die ehemalige Maschinenhalle mit fünf Gaskompressoren. Uns begeistert heute besonders das Nebeneinander scheinbar gegensätzlicher Komponenten, das uns auf dem Erlebnispfad „Natur und Technik" begegnet. Neben alten Hallen wachsen Birken und Sommerflieder, die Natur erobert ihr Terrain zurück.

Unterdessen waren unsere Kinder für zwei Stunden mit „Kokskrümel Karlchen Koks" auf Schatzsuche unterwegs – erfolgreich, wie uns später, beim Abendessen ausführlich berichtet wird. Das nehmen wir bei **Tante Amanda** ein, einem Ausflugslokal im beinahe ländlichen Dortmunder Osten. Gottseidank haben wir es nicht weit, fahren von der „Parsefalstraße" mit der U47 in fünf Minuten bis zur Endstation „Westerfilde" und laufen von dort in rund 20 Minuten durch die Westerfilder Straße und durch die Straße „Mosselde" zur Tante. Dort erwartet uns gutbürgerliche Küche in einem denkmalgeschützten Fachwerkhaus mit großem Biergarten, einem ebenfalls riesigen Spielplatz und einer Tischminigolfanlage.

Grün ist es heute auf der ehemaligen Kokerei Hansa.

ADRESSEN

Dortmund Tourismus
Kampstraße 80
44137 Dortmund
Tel. 0231/18 99 90
www.dortmund-tourismus.de

SEHENSWERT

Borusseum
Strobelallee 50
44139 Dortmund
Tel. 0231/90 20 13 68
www.bvb.de/Der-BVB/Borusseum/Borusseum

Öffnungszeiten: Mo–Fr 10–18 Uhr, Sa, So, Feiertage und Ferien 9.30–18 Uhr, an Heimspieltagen 9.30 Uhr bis Anpfiff
Eintritt: Erwachsene 6 €, erm. 4 €, Kinder unter 6 Jahren frei, Familienkarte 15 €, Stadiontour Erwachsene 12 €, erm. 8 €

DASA Arbeitswelt Ausstellung
Friedrich-Henkel-Weg 1–25
44149 Dortmund
Tel. 0231/9071-2645
www.dasa-dortmund.de
Öffnungszeiten: Mo–Fr 9–17 Uhr,
Sa, So 10–18 Uhr
Eintritt: Erwachsene 8 €, erm. 5 €, Kinder
unter 6 Jahren frei, Familienkarte 16 €

Kindermuseum Adlerturm
Günter-Samtlebe-Platz 2
44135 Dortmund
Tel. 0231/50 26 03-1
www.adlerturm.dortmund.de
Öffnungszeiten: Di, Mi, Fr 10–13 Uhr,
Do, So 10–17 Uhr, Sa 12–17 Uhr
Eintritt: frei

Kokerei Hansa
Emscherallee 11
44369 Dortmund
Tel. 0231/93 11 22-33
www.industriedenkmal-stiftung.de
Öffnungszeiten: Apr.–Okt. Di–So
10–18 Uhr, Nov.–März Di–So 10–16 Uhr
Eintritt: 4 €, Führung für Kinder
(5–12 Jahre) mit Karlchen Koks 5 €
pro Person (inkl. Eintritt), bitte vorher
telefonisch anmelden

Kindermuseum mondo mio!
Florianstraße 2
44139 Dortmund
Tel. 0231/50 26 12-7
www.mondomio.de
Öffnungszeiten: Di–Fr 13.30–17 Uhr,
Sa, So, Feiertage 11–18 Uhr
Eintritt: frei

Westfalenpark
An der Buschmühle 3
44139 Dortmund
Tel. 0231/50 26 10-0
www.westfalenpark.dortmund.de
Öffnungszeiten: Es gibt sieben Eingänge,
die täglich zwischen 10 und 18 Uhr
geöffnet sind, erweiterte Öffnungszeiten
siehe Website.
Florianturm: Mi–Fr 14–18 Uhr, Sa, So,
Feiertage 12–20 Uhr
Eintritt: Kombi Park-Turmauffahrt 5,50 €,
Kleingruppe I (1 Erwachsener, max.
4 Kinder) 11 €, Kleingruppe II
(2 Erwachsene, max. 4 Kinder) 16,50 €,
Kinder unter 6 Jahren frei

LECKER

Schürmanns im Park
An der Buschmühle 100
44139 Dortmund
Tel. 0231/22 61 10 10
www.schuermanns-im-park.de
Öffnungszeiten: Sommerhalbjahr
Mo–Do ab 17 Uhr, So, Feiertage ab 10 Uhr,
Winterhalbjahr Mi–Fr ab 17 Uhr, Sa ab
12 Uhr, So, Feiertage ab 10 Uhr

Tante Amanda
Mosselde 149
44357 Dortmund
Tel. 0231/37 22 30
www.bubi2014.tante-amanda.de
Öffnungszeiten: Restaurant tägl.
12–24 Uhr, Biergarten Mo–Sa
14–24 Uhr, So 11–24 Uhr

Hannover

Hannover gilt bei einigen uninformierten Zeitgenossen als langweilig. Welch ein Irrtum! Gerade junge Besucher haben viel Spaß im Zoo oder im Sea Life und lassen sich von der Pracht der Herrenhäuser Gärten faszinieren. Der Stadtwald „Eilenriede" mit seinen vielen Spielplätzen ist fast doppelt so groß wie der Central Park in New York und der Maschsee mit angrenzendem Maschpark lädt in den Sommermonaten Groß und Klein zum Baden, Bootfahren oder einfach nur Chillen ein.

TOUR 1

Kunst und Natur – die Herrenhäuser Gärten

Am ersten Tag unseres Hannover-Besuchs präsentiert sich der Himmel strahlend blau. Daher zieht es uns zu einem herausragenden Beispiel europäischer Gartenbaukunst, den Herrenhäuser Gärten. Wir gehen vom Hauptbahnhof durch die Bahnhofstraße rund 100 Meter bis zum „Kröpcke", dem zentralen Platz in Hannovers Innenstadt, benannt nach einem bereits vor rund 150 Jahren hier eröffneten Café. Am „Kröpcke" laufen unterirdisch viele Stadtbahnlinien zusammen, darunter auch die STB 4 und 5, die

Blick von der Rathauskuppel

uns in rund acht Minuten zu den **Herrenhäuser Gärten** — Großer Garten, Berggarten und Georgengarten — bringen.

Dort tauchen wir in eine ganz andere Welt ein. Zu verdanken ist sie vor allem Kurfürstin Sophie, die den Garten Ende des 17. Jahrhunderts nach französischem Vorbild anlegen ließ — bis heute ein Meisterwerk barocker Gartenkunst mit vielen Themengärten, Wasserspielen, einem Freilufttheater, Schloss Herrenhausen und zahlreichen weiteren Attraktionen. Damit auch unsere Kinder diese geballte Pracht genießen können, haben wir

Schloss Herrenhausen

Die Herrenhäuser Gärten von oben …
… und mit dem Rad erleben

uns am Eingang mit einem „Gartenrallye-Heft" eingedeckt. Darin sind verschiedene Aufgaben und Fragen versteckt, die während unseres Besuchs gelöst und beantwortet werden müssen: „Was trägt Afrika in der Hand?" oder „Was ist in der Mitte des Irrgartens?". Gar nicht so einfach.

Als alle Fragen beantwortet sind, zieht es uns zur Probenbühne im Großen Garten. Dort tragen am Wochenende ausgebildete Märchenerzählerinnen alte und neue Geschichten vor, ein schönes Erlebnis für junge und alte Besucher. Anschließend gönnen wir uns noch eine halbstündige Kutschfahrt durch den Georgengarten und überqueren danach die Herrenhäuser Straße, um im Berggarten in ein Meer von mehr als 12.000 Pflanzenarten einzutauchen. An einer Blüte entdecken wir ein Tier, dessen rasanter Flügelschlag kaum zu erkennen ist. Ein Kolibri? Nein, ein Taubenschwänzchen, ein Schmetterling, der immer häufiger den Weg aus dem Mittelmeerraum zu uns findet. Direkt neben dem Berggarten liegt das **SEA LIFE Hannover**. Hier gehen wir auf eine faszinierende Reise vom niedersächsischen Fluss Leine über das karibische Meer bis in den tropischen Regenwald. Mehr als 2.500 Tiere in 40 Becken und Aquarien gibt es hier. Unsere Kinder können einen Seestern streicheln, schließen Freundschaft mit der Meeresschildkröte Oscar und erfahren von einem Ranger, was im Regenwald so kreucht und fleucht.

Wir haben heute viel gesehen und erlebt, das macht hungrig. Deshalb steigen wir auf der Rückfahrt bereits nach fünf Minuten an der Haltestelle „Steintor" aus, biegen in die Goethestraße ein und gönnen uns zum Abschluss unseres ersten Besuchstags im italienischen **Restaurant Piu** ein leckeres Essen aus der sardischen Küche. Wer zudem noch familiäre Atmosphäre und gut gelaunte Gastgeber mag, der ist hier genau richtig. In Italien sind die Kinder ja ohnehin Könige und auch hier sind sie herzlich willkommen. Das Piu bietet neben einer umfangreichen Kinderspeisekarte auch die Möglichkeit, kleinere Portionen zu bestellen.

Merkwürdige Tiere im SEA LIFE

SEA LIFE

Herrenhäuser Gärten

1 Min.

10 Min.

KINDER MUSEUM

TOUR 1

TOUR 2

So schnell ist man am Ziel:

zu Fuß

mit ÖPNV

Zinnober

Kindermuseum

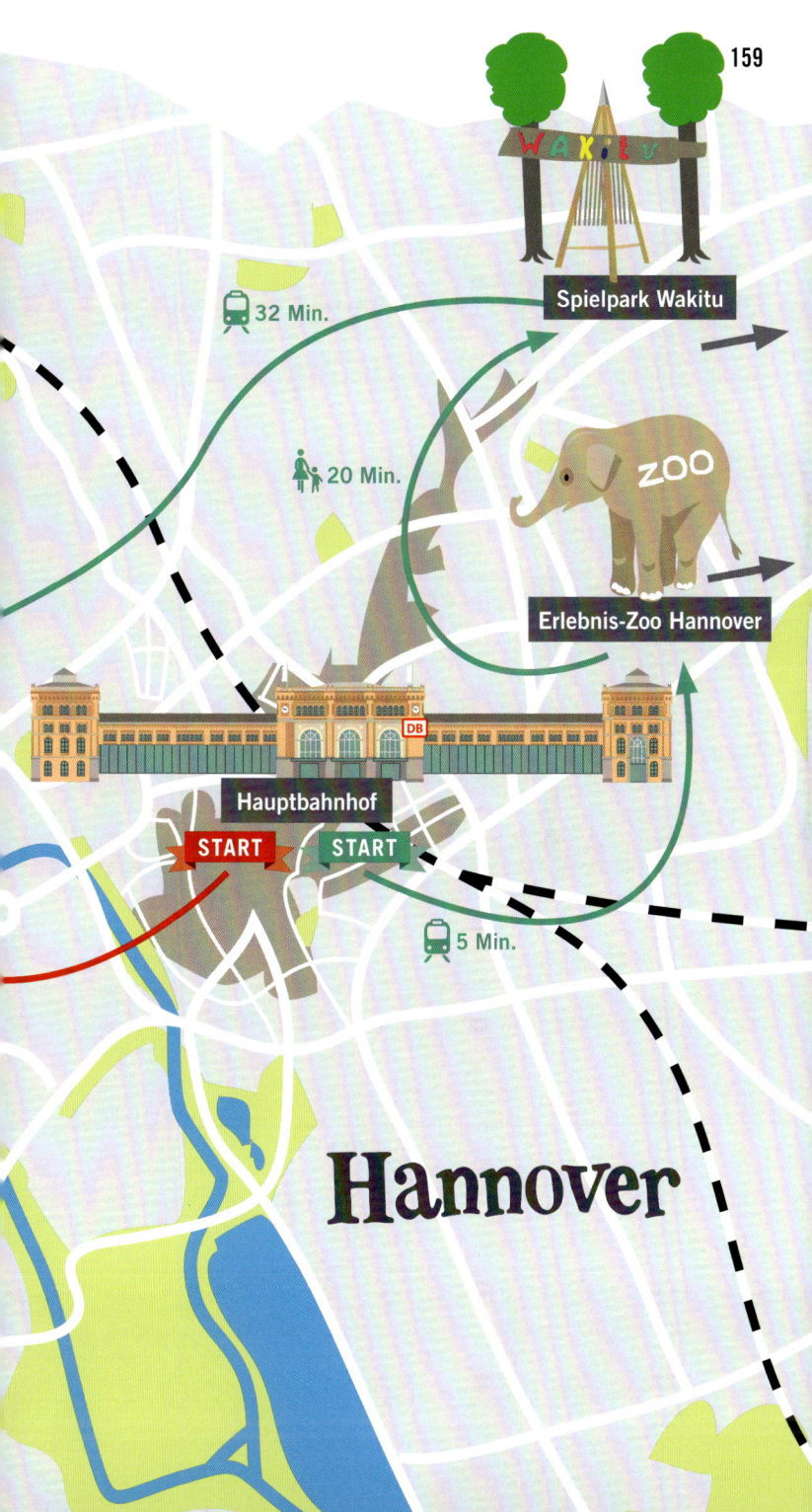

Spielpark Wakitu

🚆 32 Min.

🚶 20 Min.

ZOO

Erlebnis-Zoo Hannover

Hauptbahnhof

DB

START START

🚆 5 Min.

Hannover

Wusstet Ihr, …

… *dass ein mehr als vier Kilometer langer „Roter Faden" auf dem Straßenpflaster zu 36 Sehenswürdigkeiten in der Innenstadt führt?*

… *dass man sich in Hannover „Unterm Schwanz" trifft – unter dem Pferdeschweif des Ernst-August-Reiterdenkmals vor dem Hauptbahnhof?*

Das Ernst-August-Reiterdenkmal vor dem Hauptbahnhof

GUTE NACHT!

Best Western Premier Parkhotel Kronsberg

Kinder sind gern gesehene Gäste im Best Western Premier Parkhotel Kronsberg. Nach dem „Kinder-Check-In" wartet auf die Kleinen eine Überraschung aus einer Schatztruhe. Im Restaurant gibt es neben einer kinderfreundlichen Speisekarte auch jede Menge Buntstifte, Malblöcke und Aufkleber. Beliebt vor allem bei jüngeren Gästen ist das hauseigene Schwimmbad.

Gut Kronsberg 1, 30539 Hannover
Tel. 0511/87 40-0
www.parkhotel-kronsberg.de

Novotel Hannover

Wo sich heute die Gäste in ihre Betten verkrümeln, wurden einst Kekse gebacken. Das Novotel in den Kulissen der ehemaligen Bahlsen-Fabrik, mit der Stadtbahn nur fünf Minuten vom Hauptbahnhof entfernt, hat große Familienzimmer, die bis zu vier Personen ausreichend Platz bieten. Kindgerechte Spielbereiche, ausgewogene Kindermenüs und kostenlose Übernachtungen im Zimmer der Eltern für Kinder bis 16 Jahre sind ebenfalls im Angebot.

Podbielskistraße 21, 30163 Hannover
Tel. 0511/39 04-0
www.novotel.com

TOUR 2

Schimpansen in der Erlebniswelt „Kibongo"

Weltreise an einem Tag –
der Erlebnis-Zoo Hannover

In Hannover kann man eine Weltreise an einem Tag unternehmen, hat man uns erzählt. Dafür nehmen wir am Hauptbahnhof die Buslinie 134, die uns in knapp zehn Minuten zum **Erlebnis-Zoo Hannover** bringt. Dort wollen wir den beinahe 2.000 Tieren in verschiedenen Themenwelten – zum Beispiel einem indischen Dschungelpalast, der afrikanischen Flusslandschaft Sambesi, dem australischen Outback oder der kanadischen Yukon Bay – ganz nahekommen. 1996 verabschiedete sich der Erlebnis-Zoo Hannover als erster deutscher Zoo von der herkömmlichen Käfig- und Gehegehaltung. Diesem Beispiel sind andere Zoos gefolgt, in Hannover hat man seither weiter am Konzept der Themenwelten gefeilt.

Die Liebe zum Detail, mit der unterschiedliche Lebensräume – etwa der einem Schutzgebiet in Nigeria nachempfundene „Afi Mountain" mit Schimpansen und vom Aussterben bedrohten Drills – gestaltet wurden, macht den Besuch zu einem besonderen Erlebnis für große und kleine Gäste. Auch dafür wurde der

Erlebnis-Zoo 2016 von „ServiceValue" zum familienfreundlichsten Zoo Deutschlands gekürt. Unsere Kinder lieben besonders die Bootsfahrt auf dem Sambesi und das Kinderland „Mullewapp". Nachdem wir den Zoo verlassen haben, bleiben wir im Grünen und laufen diagonal durch den angrenzenden Eilenriede-Park zum **Spielpark Wakitu**. Der älteste Spielplatz Hannovers wurde bereits 1895 eingerichtet, hat aber bis heute nichts an Attraktivität eingebüßt. Dafür sorgen das riesige Gelände, Schaukeln, Wippen, eine Kletterwand und vieles mehr. Besonders schön – und viel zu selten an solchen Orten – ist ein Kiosk, an dem man sich bei Bedarf mit Kaffee oder Pommes eindecken kann.

Wir aber blicken schließlich irgendwann zum Himmel und sehen, dass es wohl bald regnen wird. Deshalb brechen wir nach etlichen Runden schaukeln und wippen rasch auf, laufen die Hohenzollernstraße nach Süden, biegen nach wenigen Schritten rechts in die Wedekindstraße ein, halten uns nach nur 300 Metern wieder rechts und kommen nach rund 15 Minuten Fußmarsch in die Steinriede zum **Café das rockzipfel**. Das ist ein Ort zum Wohl-

NICHTS WIE HIN!

Museum für Energiegeschichte(n)

Technik kann spannend sein – vor allem, wenn sie so präsentiert wird wie im Museum für Energiegeschichte(n). Ob Glühlampe, Telefon oder Radio – jede Erfindung hat ihre eigene, ganz besondere Geschichte, die im Museum erzählt wird. Und es ist aus heutiger Sicht kaum zu verstehen und ziemlich kurios, wie die Menschen früher Wäsche gewaschen, Staub gesaugt oder ihr Brot geröstet haben.

Museum für Energiegeschichte(n)
Humboldtstraße 32
30169 Hannover
Tel. 0511/89 74 74 90-0
www.energiegeschichte.de
Öffnungszeiten: *Di–Fr 9–16 Uhr*
(außer an Feiertagen)
Eintritt: *frei*

Oben *Familienspaß im „Mullewapp"*
Unten *Am Maschsee*

fühlen und Genießen – und zwar für alle Generationen. Während wir uns bei Kaffee und Kuchen entspannen, spielen die Kleinen vergnügt mit Autos, Bällen und Bauklötzen. Ein Großteil der angebotenen Lebensmittel wird übrigens fair gehandelt und stammt aus der Region.

Es regnet immer noch. Eigentlich spricht nichts dagegen, den Rest des Tages im „rockzipfel" zu verbringen, aber schließlich hat Hannover noch mehr zu bieten. Deshalb spannen wir unsere Schirme auf, laufen wenige Meter zum Lister Platz und steigen dort in die Stadtbahnlinie 9, die uns in zwölf Minuten zur Station „Bernhard-Caspar-Straße" bringt. Dort biegen wir rechts in die Badenstedter Straße, wo wir das **Kindermuseum Zinnober** besuchen wollen.

Oben Blick auf das
Neue Rathaus
Unten Dem Magnetismus
auf der Spur im Kinder-
museum Zinnober

Merkwürdige Exponate in Vitrinen mit langweiligen Erklärtexten
gibt es im Kindermuseum Zinnober nicht. Dafür wechselnde
Ausstellungen, bei unserem Besuch etwa zum Thema „Magnetismus". Da hier anfassen, riechen und schmecken ausdrücklich
erwünscht sind, können wir dem Thema mit allen Sinnen auf den
Grund gehen: Wir bauen ein Magnettheater, probieren aus, welche
Materialien magnetisch sind, fragen nach flüssigen Magneten
oder auch danach, welche Tiere einen magnetischen Sinn haben.
So kann auch ein verregneter Sonntagnachmittag viel zu schnell
vorübergehen.

ADRESSEN

Hannover Tourist Information
Ernst-August-Platz 8
30159 Hannover
Tel. 0511/12 34 51 11
www.hannover.de/Tourismus

SEHENSWERT

Erlebnis-Zoo Hannover
Adenauerallee 3
30175 Hannover
Tel. 0511/28 07 40
www.zoo-hannover.de
Öffnungszeiten: 25. März–31. Okt. tägl.
9–18 Uhr, 1. Nov.–24. März tägl. 10–16 Uhr
Eintritt: Sommersaison Erwachsene 25 €,
junge Erwachsene (17–24 Jahre) 19 €,
Kinder/Jugendliche (6–16 Jahre) 17 €,
Kinder (3–5 Jahre) 13,50 €, Winter-
saison Erwachsene 19,50 €, junge
Erwachsene (17–24 Jahre) 14,50 €,
Kinder/Jugendliche (6–16 Jahre) 13,50 €,
Kinder (3–5 Jahre) 10,50 €

Herrenhäuser Gärten
Herrenhäuser Straße 4
30419 Hannover
Tel. 0511/16 83 40 00
www.hannover.de/herrenhausen
Öffnungszeiten und Eintritt: siehe
Website

Kindermuseum Zinnober
Badenstedter Straße 48
30453 Hannover
Tel. 0511/89 73 34 66
www.kindermuseum-hannover.de
Öffnungszeiten: Mo–Fr 9–17 Uhr,
So 11–17 Uhr
Eintritt: Erwachsene 5 €,
Kinder ab 3 Jahren 4 €

SEA LIFE Hannover
Herrenhäuser Straße 4a
30419 Hannover
Tel. 01806/66 69 01 01
www.visitsealife.com/de/de/hannover/
Öffnungszeiten: 2.–8. Jan. tägl.
10–18.30 Uhr, 9. Jan.–31. März
Mo–Fr 10–17.30 Uhr, Sa, So 10–18.30
Uhr, 1. Apr.–5. Nov. tägl. 10–18.30 Uhr
Eintritt: siehe Website

Spielpark Wakitu
Hohenzollernstraße 57
30161 Hannover
Öffnungszeiten: durchgehend

LECKER

Café das rockzipfel
In der Steinriede 9
30161 Hannover
Tel. 0511/31 04 87 73
www.dasrockzipfel.de
Öffnungszeiten: Di–Fr 9.30–18 Uhr,
Sa, So 9.30–19 Uhr

Restaurant Piu
Goethestraße 22
30169 Hannover
Tel. 0511/13 16 54-8
www.piu-trattoria.de
Öffnungszeiten: Mo–Fr 8–21 Uhr,
Sa 9–21 Uhr

Berlin

Berlin gilt international als eine der coolsten Metropolen. Vor allem junge Menschen zieht es aus der ganzen Welt in die deutsche Hauptstadt. Gerade für junge Familien mit kleineren Kindern ist das Kultur- und Freizeitangebot so groß, dass es sicher nicht bei einem Besuch bleiben wird. Wir haben unsere zwei Tage in Berlin prall gefüllt, mit einer ganz besonderen Stadtrundfahrt, spannenden Einblicken in Politik und Wissenschaft sowie Tieren aller Art.

TOUR 1

Sightseeing und Politik – Stadtrundfahrt und Besuch des Reichstags

Z ugegeben, eine **Stadtrundfahrt** ist nicht besonders originell. Eine rund einstündige Tour über die gesamte Strecke zwischen Bahnhof Zoo und Alexanderplatz mit der öffentlichen Buslinie 100 allerdings schon, schließlich gibt es hier für den Preis eines Fahrscheins der Berliner Verkehrsbetriebe (Tarifgebiet AB) sehr viel zu sehen. Das geht schon los am Bahnhof Zoo. Der ist zwar seit der Eröffnung des neuen Hauptbahnhofs im Jahr 2006 kein Fernbahnhof mehr, liegt aber in unmittelbarer Nachbarschaft zu Attraktionen

Blick auf Museumsinsel, Nikolaiviertel und Rotes Rathaus

wie dem Zoologischen Garten und dem denkmalgeschützten Bikini-
haus in der Budapester Straße. Das ist eine frühere Produktions-
stätte für Damen-Oberbekleidung, deren Spitzname aus der
Trennung von Produktion und Verkauf in zwei unterschiedlichen
Stockwerken herrührt. Heute wird dort eifrig geshoppt und Kaffee
getrunken, während die Kinder von der Terrasse aus den Pavia-
nen im benachbarten Zoo ins Gehege schauen. Wir sehen die
Gedächtniskirche, ein Wahrzeichen der Stadt, da die Turmruine
der im Zweiten Weltkrieg zerstörten neuromanischen Kirche als
Mahnmal des Friedens erhalten wurde.

Die Sehenswürdigkeiten fliegen an unserem Fenster vorbei, für
eine so große Stadt wie Berlin geht es überraschend flott voran.
Wir sehen das „Haus der Kulturen der Welt" am Tiergarten, seit
seiner Eröffnung im Jahr 1957 wegen seiner Muschelform auch
„Schwangere Auster" genannt. Das Brandenburger Tor natürlich und die Prachtstraße „Unter den Linden" mit dem Rei-
terstandbild Friedrichs des Großen und dem Dom. Nach der
hübschen Schlossbrücke mit ihren Marmorfiguren bietet
das Marx-Engels-Forum mit den beiden Figuren der Na-
mensgeber eine gute Gelegenheit, mit dem Nachwuchs
über deutsche Geschichte zu sprechen
– nicht zum letzten Mal während unseres Berlin-Besuchs.
Der Berliner Fernsehturm, mit

368 Metern das höchste Bauwerk in Deutschland, markiert schon von Weitem unser Ziel, den Alexanderplatz.

Jetzt haben wir Lust auf ein zweites Frühstück. Dafür wollen wir den Tipp einer Bekannten ausprobieren und fahren vom Alexanderplatz mit der U2 in knapp zehn Minuten in den Prenzlauer Berg bis zur Station „Schönhauser Allee". Der folgen wir wenige 100 Meter in Fahrtrichtung und biegen dann links in die Paul-Robeson-Straße ein, wo das **Café Milchbart** seinem Namen alle Ehre macht. (Vor allem kleinere) Kinder sind hier die Königinnen und Könige, toben im Bällebad oder buddeln im Sandkasten. Wir sitzen draußen, Stühle und Tische stehen auf einem der unvergleichlich breiten Berliner Bürgersteige, es schmeckt lecker und wir haben den Nachwuchs jederzeit im Blick.

Anschließend gönnen wir uns einen kurzen Spaziergang durch den Prenzlauer Berg, dessen Klischee von der herausragenden Kinderfreundlichkeit offensichtlich der Wahrheit entspricht — überall Kinderwagen und Spielplätze. Über die Gleimstraße kommen wir zum **Mauerpark**. Hier lag einst die Grenze zwischen den Bezirken Wedding (West) und Prenzlauer Berg (Ost), heute toben unsere Kinder auf dem frisch renovierten Regenbogen-Spielplatz. Bei Konnopke's Imbiss (siehe Typisch!) überqueren wir die Eberswalder Straße und gelangen über die Knaackstraße zum Kollwitzplatz, wo heute Markt und daher einiges los ist. Hier gibt es unter anderem eine vergoldete Currywurst, aber wir sind noch satt …

Durch die Kollwitzstraße kommen wir zum U-Bahnhof „Senefelder Platz" und sind nach nur drei Minuten wieder am „Alexanderplatz". Dort steigen wir in die uns bereits bekannte Buslinie 100 und fahren in zehn Minuten zum

Die Gedächtniskirche erinnert an die Schrecken des Zweiten Weltkriegs.

TYPISCH!

Die Currywurst

Angeblich wurde sie 1949 von Herta Heuwer in Berlin erfunden. So ganz genau weiß das zwar keiner, aber trotzdem gilt die Currywurst heute als der klassische Berliner Imbiss. Ob bei Konnopke oder Ziervogel am Prenzlauer Berg, Curry 36 in Kreuzberg oder Witty's beim KaDeWe – eine geht immer. Und wer mehr wissen will, besucht das Deutsche Currywurstmuseum in der Schützenstraße.

Mit dem Schiff vorbei am politischen Berlin

Brandenburger Tor. Es war zwar nicht ganz einfach, unsere Kinder zu einem Besuch des **Reichstags** zu überreden, aber so viel sei jetzt schon verraten – sie waren begeistert, vor allem von der Kuppel.

Treffpunkt ist an der Tourist-Information am Brandenburger Tor, trotz enormen Getümmels finden wir schließlich unsere Gruppe. Wir haben Glück, unser Guide weiß alles über deutsche Geschichte und Politik und kann vor allem sehr unterhaltsam erzählen.

So wird es keinen Moment langweilig, zumal die Kinder einen eigenen Audioguide erhalten, der speziell für jüngere Reichstagsbesucher konzipiert wurde. Besonders gut gefällt ihnen, dass sie auf der Besuchertribüne im Plenarsaal Platz nehmen dürfen („Sieht alles viel kleiner aus als im Fernsehen") und natürlich die gläserne Kuppel, zu der, trotz elterlichen Mahnungen, hinaufgerannt werden muss. Oben ist das Ah und Oh dann groß ob des wunderbaren Ausblicks und wenn uns jetzt noch die Bundeskanzlerin begegnen würde, bliebe kein Wunsch offen. Tut sie aber nicht, hat zu viel zu tun. Können wir verstehen.

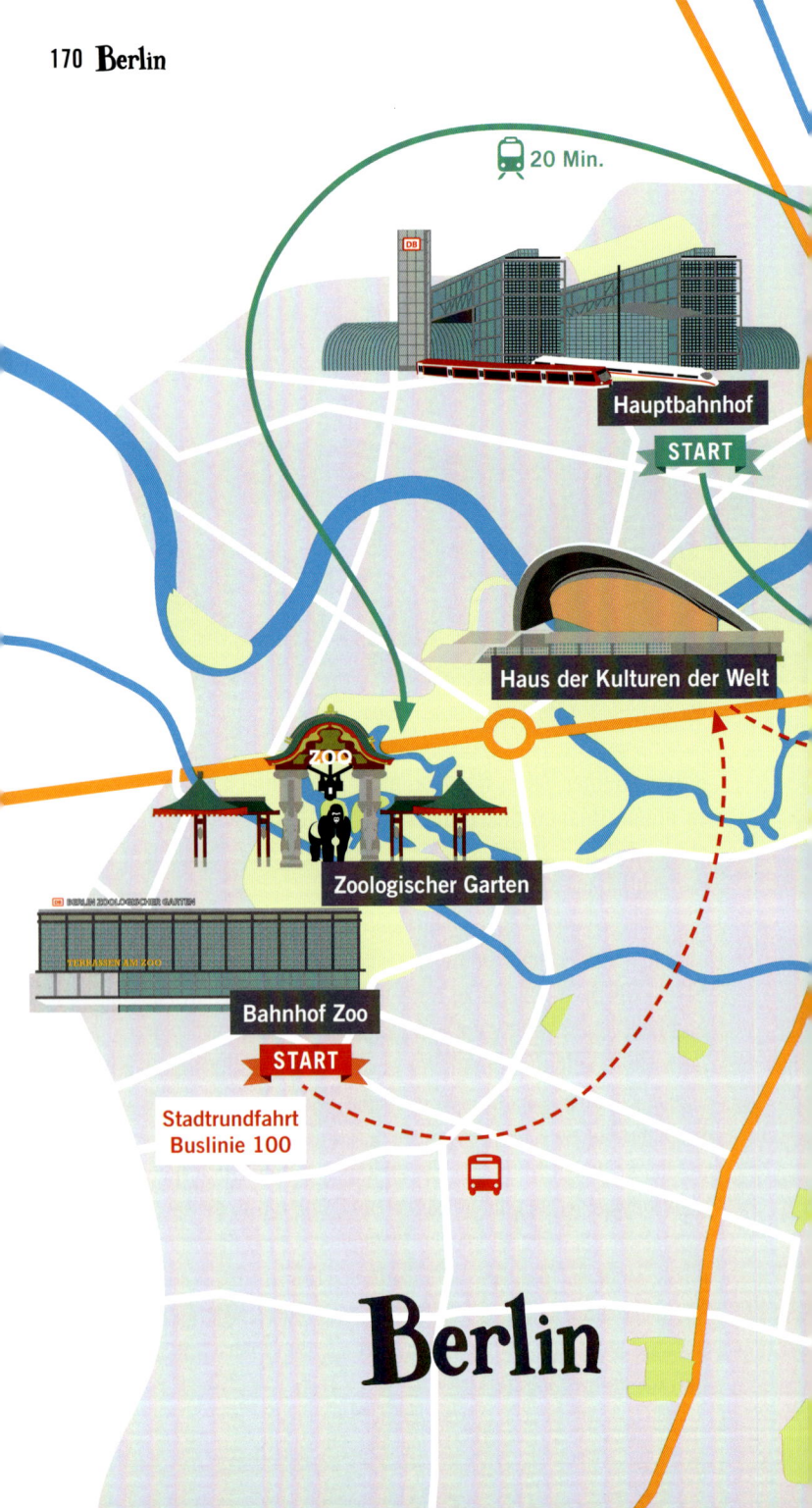

🚆 20 Min.

Hauptbahnhof

START

Haus der Kulturen der Welt

ZOO

Zoologischer Garten

BERLIN ZOOLOGISCHER GARTEN

TERRASSEN AM ZOO

Bahnhof Zoo

START

Stadtrundfahrt
Buslinie 100

Berlin

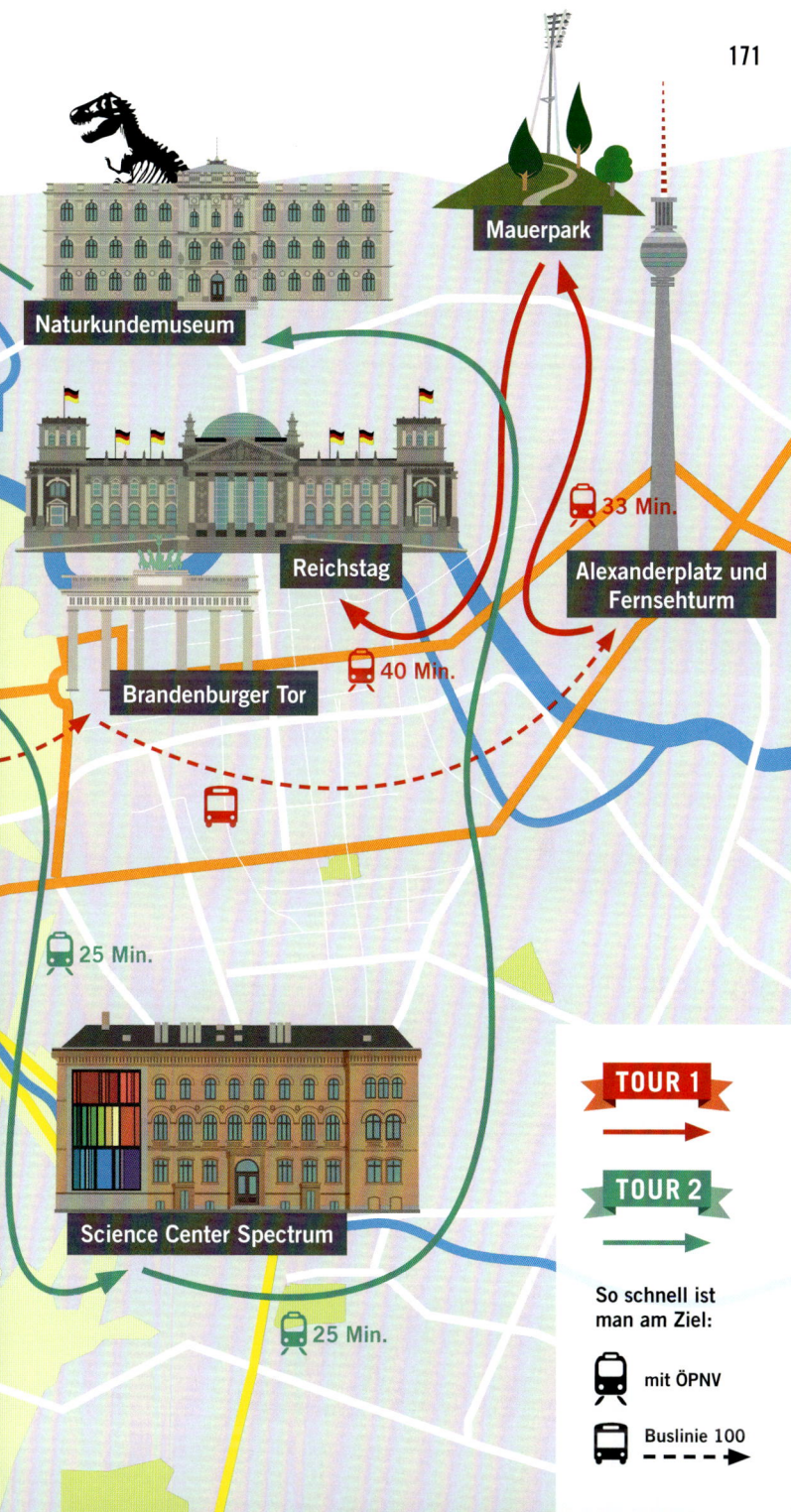

Naturkundemuseum

Mauerpark

Reichstag

🚆 33 Min.

Alexanderplatz und Fernsehturm

🚆 40 Min.

Brandenburger Tor

🚌

🚆 25 Min.

Science Center Spectrum

🚆 25 Min.

TOUR 1

TOUR 2

So schnell ist man am Ziel:

🚆 mit ÖPNV

🚌 Buslinie 100 ---►

Wusstet Ihr, …

… dass der Berliner Hauptbahnhof der größte und modernste Kreuzungsbahnhof in Europa ist?

… dass Berliner in Berlin „Pfannkuchen" und Brötchen „Schrippen" heißen?

GUTE NACHT!

Adina Apartment Hotel Hackescher Markt

Das Adina Apartment Hotel Hackescher Markt liegt zentral in der historischen Mitte Berlins, nur wenige Minuten von der Museumsinsel und den Hackeschen Höfen entfernt. Familien wollen aus den geräumigen 2-Bedroom-Apartments mit separatem Essbereich, Küche mit Herd, Mikrowelle, Geschirrspüler und Kühlschrank gar nicht mehr weg. Kinder bis 11 Jahre sind kostenlos dabei.

An der Spandauer Brücke 11
10178 Berlin
Tel. 030/20 00 32-0
www.adinahotels.com

Estrel Hotel

Wer in Neukölln im Estrel übernachtet, tut das im größten Hotel Deutschlands. Trotzdem legt man in dem privat geführten Haus großen Wert auf eine persönliche Atmosphäre. Extras wie der hauseigene Bootsanleger oder die Shows im benachbarten Estrel Festival Center bietet nicht jedes Hotel und in den geräumigen Familienzimmern fühlt man sich einfach nur wohl.

Sonnenallee 225
12057 Berlin
Tel. 030/68 31 0
www.estrel.com

Haus der Kulturen der Welt im Berliner Tiergarten

Der Berliner Hauptbahnhof

Fröhliche Wissenschaft – im Science Center und im Naturkundemuseum

Heute fahren wir vom Hauptbahnhof mit der Buslinie M85 bis zur „Kurfürstenstraße", steigen dort um in die U1 und kommen nach insgesamt rund 20 Minuten Fahrtzeit zur Station „Möckernbrücke". Dort, in der Möckernstraße, liegt das **Science Center Spectrum**, wo man auf vier Etagen und an rund 150 Experimentierstationen naturwissenschaftliche und technische Themen auf unterhaltsame Weise vermitteln will. Das müssen wir natürlich überprüfen.

Versprochen und gehalten, so lautet unser Fazit nach zwei höchst lehrreichen und vergnüglichen Stunden. Anfassen ist hier nicht nur gewünscht, sondern gefordert und auf ein „Du darfst das nicht" der zahlreichen Betreuerinnen und Betreuer im Haus wartet man vergebens. So erkunden wir selbst, warum der Himmel blau ist, was auf einer Partnerschaukel passiert oder wie Magnetismus funktioniert. Im „Hexenhaus" wird uns sogar für einen Moment etwas mulmig. Warum? Einfach hinfahren und selbst herausfinden.

NICHTS WIE HIN!

LEGOLAND Discovery Centre

Direkt am Potsdamer Platz liegt das LEGOLAND Discovery Centre Berlin, einer der buntesten Indoor-Spielplätze in der Hauptstadt und vor allem bei schlechtem Wetter ein ideales Ausflugsziel. Ob Drachen-bahn, Miniland oder schon bald der Berliner Hauptbahnhof, alles ist für Kinder konzipiert und auf Kindergröße abgestimmt. Erwachsene müssen von mindestens einem Kind begleitet werden.

LEGOLAND Discovery Centre
Potsdamer Straße 4
10785 Berlin
Tel. 01806/66 69 01 10
www.legolanddiscoverycentre.de/berlin/
Öffnungszeiten: *tägl. 10 – 19 Uhr,*
Heiligabend geschlossen
Eintritt: *siehe Website*

Unser Wissensdurst ist noch längst nicht gestillt. Deshalb stei-gen wir an der „Möckernbrücke" in die U7, wechseln nach einer Station am „Mehringdamm" in die U6 und fahren so in einer Viertelstunde zum **Naturkundemuseum** – so heißt auch unsere Haltestelle. Im Museum wartet Tristan Otto auf uns – wer das ist? Eines der am besten erhaltenen Skelette eines Tyrannosaurus Rex, benannt nach den beiden Söhnen der Eigentümer aus den USA, die dem Berliner Museum das Skelett für einige Jahre zur Verfügung gestellt haben. Ein mächtiger Geselle, und welchen Appetit seine Artgenossen vor rund 65 Millionen Jahren hatten, zeigen mehrere Animationsfilme in der Saurierausstellung.

Ganz anders, aber mindestens ebenso interessant geht es in den anderen Ausstellungen des Museums zu. Etwa in der über die heimischen Vögel mit mehr als 300 Präparaten, wo wir Spatz, Kuckuck und Co. mal etwas näher auf den gefiederten Leib rücken und gleichzeitig lernen, warum einige Vogelarten im Winter nach Afrika fliegen und andere nicht. Oder „Evolution in Aktion", wo wir unter anderem erfahren, warum das Zebra Streifen hat oder wieso der Pfau immer noch mit prachtvollen Federn glänzt, obwohl er damit kaum noch fliegen kann.

Wieder etwas schlauer geworden laufen wir die Invalidenstraße hinab, vorbei am Bundeswirtschaftsministerium und am „Museum für Gegenwart" im alten Hamburger Bahnhof, kommen nach knapp zehn Minuten zum Hauptbahnhof und fahren von dort mit der S5 oder S7 in nur fünf Minuten zur Station „Tiergarten". Im gleichnamigen Park, dem grünen Herzen der Hauptstadt, wird nicht nur eifrig gejoggt, gekickt oder gefaulenzt, hier liegt auch das **Restaurant Giraffe**. Dort gibt es einen großen Biergarten, saisonale Spezialitäten sowie für die jüngeren Gäste zahlreiche Spielmöglichkeiten im Innen- und Außenbereich.

Satt und zufrieden steigen wir an der Station „Tiergarten" wieder in die S-Bahn. Diesmal benötigen wir nur zwei Minuten, bis wir unser letztes Ziel erreichen, den **Zoologischen Garten**, nach dem auch unsere Haltestellte benannt ist. Der ist nicht nur der älteste Zoo Deutschlands (1844 eröffnet), sondern gilt auch als

Der Sauriersaal des Naturkundemuseums

NICHTS WIE HIN!

Britzer Garten

Der Britzer Garten im Berliner Süden ist zwar kein Geheimtipp mehr, bietet aber auf rund 90 Hektar selbst am Wochenende immer noch ausreichend Platz für Spiel und Entspannung. Eine große Seenlandschaft, Blumenbeete, Baumhaine und vor allem die vielen Freiflächen und Spielplätze machen die sanft hügelige, weitläufige Parklandschaft zu einem perfekten Ausflugsziel für die ganze Familie. Ziegen, Esel, Hühner und Kaninchen warten auf Besucher, und in der Britzer Windmühle – einer der letzten beiden funktionsfähigen Windmühlen im Berliner Stadtgebiet – erfahren wir, wie früher das Korn zu Mehl gemahlen wurde.

Britzer Garten
Sangershauser Weg 1
12349 Berlin
Tel. 030/70 09 06 80
www.gruen-berlin.de/britzer-garten
***Öffnungszeiten:** tägl. ab 9 Uhr bis*
zum Einbruch der Dunkelheit
***Eintritt:** Erwachsene 3 €, erm. +*
Kinder (6–14 Jahre) 1,50 €

Links *Publikumsliebling:*
Pandabär Meng Meng

einer der artenreichsten Zoos weltweit. Der Zoologische Garten Berlin war schon immer die Heimat landesweit bekannter Publikumslieblinge wie Flusspferd „Knautschke", Gorilla „Bobby" oder Eisbär „Knut". Aktuell haben die beiden Pandabären Meng Meng und Jiao Qing diese Rolle übernommen, die sie mit stoischer Ruhe spielen. Doch auch die anderen Tiere liefern mehr als 19.000 gute Gründe für einen Besuch.

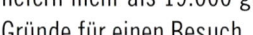

ADRESSEN

Tourist Info im Hauptbahnhof
Erdgeschoss/Eingang Europaplatz
10557 Berlin
Tel. 030/25 00 25
www.visitberlin.de

SEHENSWERT

Deutscher Bundestag
Platz der Republik 1
10557 Berlin
Tel. 030/22 73 21 52
www.bundestag.de/besucher
Öffnungszeiten: Mo–So 8–24 Uhr
Eintritt: frei; eine Besichtigung ist nur
mit vorheriger Anmeldung möglich!

Mauerpark
Gleimstraße 55
10437 Berlin
Öffnungszeiten: durchgehend

Naturkundemuseum
Invalidenstraße 43
10115 Berlin
Tel. 030/20 93 85 50
www.naturkundemuseum.berlin.de
Öffnungszeiten: Di–Fr 9.30–18 Uhr,
Sa, So, Feiertage 10–18 Uhr
Eintritt: Erwachsene 8 €, erm. 5 €,
Familie (2 Erwachsene, max. 3 Kinder
unter 14 Jahren) 15 €, Mini-Familie

(1 Erwachsener, max. 2 Kinder unter
14 Jahren) 9 €

Science Center Spectrum
Möckernstraße 26
10963 Berlin
Tel. 030/90 25 42 84
www.sdtb.de/spectrum/startseite/
Öffnungszeiten: Di–Fr 9–17.30 Uhr,
Sa, So 10–18 Uhr
Eintritt: Erwachsene 8 €, erm. 4 €,
Familie (2 Erwachsene, max. 3 Kinder
unter 14 Jahren) 17 €, Mini-Familie
(1 Erwachsener, max. 2 Kinder unter
14 Jahren) 9 €

Zoologischer Garten Berlin
Hardenbergplatz 8
10787 Berlin
Tel. 030/25 40 10
www.zoo-berlin.de
Öffnungszeiten: 1. Jan.–26. Febr.
9–16.30 Uhr, 27. Febr.–26. März,
25. Sept.–29. Okt. 9–18 Uhr

LECKER

Restaurant Giraffe
Klopstockstraße 2
10557 Berlin
Tel. 030/34 35 16 90
www.giraffe-berlin.de
Öffnungszeiten: tägl. 8–2 Uhr

Café Milchbart
Paul-Robeson-Straße 6
10439 Berlin
Tel. 030/66 30 77 55
www.milchbart.net
Öffnungszeiten: Mo–Fr 10–18 Uhr,
Sa, So 12–18 Uhr

Hamburg

„Tor zur Welt" nannte man Hamburg einst, und noch heute staunen große und kleine Leute, wenn sie mit der Bahn von Süden kommen und den Hafen vor Augen haben. Gut, dass der Hauptbahnhof mitten in der Stadt liegt, da geht es gleich los auf Familien-Entdeckungstour. Den besten Überblick hat man vom Turm des „alten" Hamburger Wahrzeichens „Michel", unter anderem auf das „neue" Wahrzeichen, die Elbphilharmonie. Nach einem leckeren Franzbrötchen (einem weiteren „inoffiziellen" Wahrzeichen) kann es dann losgehen.

TOUR 1

Auf und unter dem Fluss – Hafenrundfahrt und Alter Elbtunnel

Wir starten ganz klassisch – und zwar mit einer **Großen Hafenrundfahrt**. Dafür steigen wir am Hauptbahnhof Süd in die U3, die uns in knapp zehn Minuten zu den „Landungsbrücken" bringt. Und während wir Erwachsenen noch in Seemanns- und Hans-Albers-Nostalgie schwelgen, stürmt der Nachwuchs los und sucht die Brücke 2, dort wartet nämlich das Schiff von „Barkassen Meyer". Wir haben uns für Tradition entschieden – das erste Schiff

Hamburg von seiner besten Seite

dieser Firma, die Barkasse „Pudel", lief bereits 1919 vom Stapel.
Die rund einstündige Tour ist ein informativer Trip durch Ge-
schichte und Gegenwart des Hamburger Hafens. Wir sehen die
immer noch imposante Köhlbrandbrücke, die Schleusen und
Containerterminals, gewaltige Frachtschiffe, die Docks der großen
Schiffswerften und natürlich die neue Elbphilharmonie. Da der
Wasserstand günstig ist, können wir auch die Fleete, kleine Kanäle
durch die historische Speicherstadt, durchfahren. Mindestens so
interessant wie die vielen Sehenswürdigkeiten sind die launigen
Kommentare unseres Schiffsführers, die nicht zuletzt vom „Ham-
burgischen" Platt leben und deshalb unbedingt gehört und nicht
gelesen werden sollten.

Zurück an den Landungsbrücken in St. Pauli begeben wir uns
unter Wasser – na ja, nicht direkt, schließlich werden wir den
Alten Elbtunnel trockenen Fußes durchqueren. Nachdem wir
vom Kuppelbau an den Landungsbrücken mit einem Fahrstuhl
24 Meter in die Tiefe gefahren sind, laufen wir durch eine ge-
kachelte Tunnelröhre auf die andere Seite der Elbe. Maritime
Reliefs schmücken die Wände, auch Kunstausstellungen haben
hier schon stattgefunden. Dabei wurde
der Tunnel 1911 – als sich der Hafen
rasant in Richtung Süden aus-
weitete – gebaut, damit die
Hafen- und Werftarbei-

Links *Die Speicherstadt* **Rechts oben** *Blick auf die Elbphilharmonie*

ter schnell von den Landungsbrücken hinüber zu ihren Arbeits-
plätzen im Stadtteil Steinwerder gelangen konnten.
Heute ist der Alte Elbtunnel vor allem eine Attraktion für Einhei-
mische und Gäste, die kurze Zeit den Nervenkitzel und dann von
Steinwerder aus einen unverbauten Blick auf die Silhouette Hamburgs genießen wollen. Der ist in der Tat weit mehr als die gut 800
Meter Hin- und Rückweg durch den Tunnel wert. Den können übrigens auch Autos nutzen, die gegen eine Gebühr von 2 Euro mit hy-
draulisch betriebenen Fahrkörben in und aus dem Tunnel kommen.
Bei dem prächtigen Wetter gibt es eigentlich nur eine Möglichkeit, den Tag stilvoll ausklingen zu lassen. Deshalb steigen wir,
nachdem wir durch den Tunnel zurückgelaufen sind, an den Landungsbrücken (Brücke 3) auf die Fähre 62, mit der wir in rund
zehn Minuten elbabwärts zur Haltestelle „Neumühlen" schippern.
Hier, im **Museumshafen Övelgönne**, liegen rund 20 alte Schiffe,
die zwischen 1880 und 1960 als Frachter, Schlepper, Feuerschiffe
oder Fischkutter ihren Dienst verrichteten. Viele davon wurden als
verrottete Wracks entdeckt und in jahrelanger Arbeit originalge-
treu restauriert. „Früher waren die Schiffe schöner", findet unsere
Tochter – wir Eltern finden das auch.

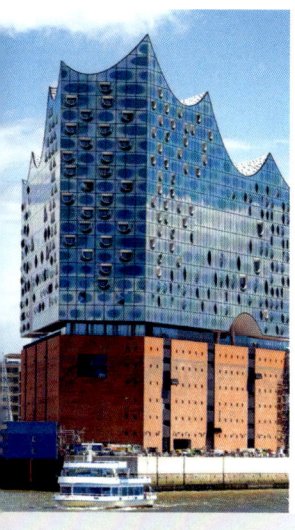

Anschließend steuern wir entlang der Elbe zu Fuß unser letztes Ziel an, den **Elbstrand** bei Övelgönne. Der wurde kürzlich von der „New York Times" als einer von zehn weltweiten Lieblingsplätzen am Wasser gekürt, und auch wenn ein solches Ranking etwas kurios anmuten mag, verstehen können wir diese Ehrung schon: Sand unter den Füßen, Muscheln in der Hand, große Schiffe in der Abendsonne und ein leckerer Snack in der **Strandperle** lassen nun wirklich keinen Wunsch mehr offen.

Unten Der Elbestrand bei Övelgönne

TYPISCH!

Franzbrötchen

Warum das Franzbrötchen Franzbrötchen heißt, darüber streiten sich bis heute die Lokalhistoriker. Auf jeden Fall darf es in keiner Auslage einer Hamburger Bäckerei fehlen, das süße Plundergebäck mit viel Zimt und Zucker. Das gibt es mittlerweile auch in weiteren Variationen mit Rosinen, Streuseln oder Schokolade.

Tierpark Hagenbeck

Planten un Blomen

🚇 20 Min.

👫 50 Min.

🚇 10 Min.

Alter Elbtunnel

Miniatur Wunderland

🚢 Große Hafen-rundfahrt

🚢 15 Min.

Elbphilharmonie

Museumshafen Övelgönne

Elbstrand

🚶 18 Min.

Hamburg

 20 Min.

Hauptbahnhof

DB

START

START

Speicherstadt

TOUR 1

TOUR 2

So schnell ist man am Ziel:

 zu Fuß

 mit ÖPNV

 per Fähre

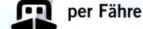 Hafenrundfahrt

Wusstet Ihr, …

… dass der Hamburger Dom keine Kirche,
sondern ein großes Volksfest ist?

… dass der echte Hamburger
zu jeder Tageszeit mit „Moin" grüßt?

… dass Hamburg mit Harburg, Hauptbahnhof,
Dammtor und Altona vier ICE-Bahnhöfe hat?

GUTE NACHT!

Lindner Park-Hotel Hagenbeck

Direkt am Tierpark und Tropen-Aquarium Hagenbeck liegt das Lindner Park-Hotel. Da ist der Weg zu den Tieren nicht weit und als zusätzliches Bonbon gibt es 25 Prozent Ermäßigung auf Eintrittskarten für Tierpark und Aquarium. Beim eigenen Check-in erhalten Kinder ein kleines Geschenk, und wer nicht älter als elf Jahre ist, schläft im geräumigen Familienzimmer umsonst bei den Eltern.

Hagenbeckstraße 150
22527 Hamburg
Tel. 040/80 08 08 10-0
www.lindner.de

Junges Hotel

Ein Hotel in zentraler Lage, mit speziellen Angeboten für Familien und einem Spielzimmer – bitte sehr. Reizvolle Angebote wie das Family-Fun-Paket, ein Kinderspielzimmer im Hotelrestaurant ESSRAUM, einen Kuscheltier-Ausleih-Service, Babysitting und Kinderbetreuung bei Bedarf sowie eine Vielzahl spannender Ausflugstipps gibt es im Jungen Hotel, das als „Certified Green Hotel" ausgezeichnet wurde und sich in mehreren sozialen Projekten engagiert.

Kurt-Schumacher-Allee 14
20097 Hamburg
Tel. 040/41 92 30
www.jungeshotel.de

Giraffen füttern bei Hagenbeck

Große Tiere und kleine Wunder – Hagenbeck und Miniatur Wunderland

Heute Morgen haben wir es nicht weit, der **Tierpark Hagenbeck** liegt unmittelbar neben unserem Hotel. Vom Hauptbahnhof benötigt man mit der U2 und der Buslinie 181 rund 20 Minuten. Seit mehr als 100 Jahren ist Hagenbeck eine Hamburger Institution, die mit der Zeit immer attraktiver wird. Die knapp 20 Hektar große Parkanlage bietet mehr als 1.850 Tieren aus allen Kontinenten ein Zuhause, darunter einer der größten Elefantenherden auf europäischem Boden und mit dem hochmodernen „Eismeer" Pinguinen, Walrossen und Eisbären. Die speziellen Bedürfnisse junger Besucher werden mit Ponyreiten, einer Märchenbahn, dem Streichelgehege und einem großen Kinderspielplatz befriedigt.

Ein – zugegeben nicht unbedingt preiswerter – Höhepunkt des Besuchs bei Hagenbeck ist sicher das Tropen-Aquarium, wo wir von frei laufenden Kattas begrüßt werden. Die sind vollkommen

Auge in Auge mit einem Walross

harmlos, wollen allerdings nicht gestreichelt werden. Auf drei Ebenen jagt anschließend eine Attraktion die nächste: Nilkrokodile, Klapperschlangen, Vogelspinnen oder Skorpione und Frösche, die in einem alten Schrank wohnen. Zum krönenden Abschluss unseres Rundgangs werfen wir einen ehrfürchtigen Blick auf die Bewohner des Großen Hai-Atolls.

Voller Eindrücke steigen wir an der Station „Hagenbecks Tierpark" in die U2, wechseln am „Gänsemarkt" in die Buslinie 5 und kommen so in rund 20 Minuten zum Bahnhof Dammtor. Dort schließen wir unser Gepäck ein und laufen in den direkt angrenzenden **Planten un Blomen**, eine große Parkanlage, die sich bis nach St. Pauli zieht und mit ihren weitläufigen Rasenflächen, ihren bezaubernden Bachläufen, ihren Seen und verschiedenen Themengärten eine Oase der Ruhe inmitten der Großstadt bietet.

Exotische Pflanzen in den Tropengewächshäusern von Planten un Blomen

Stilles (oben) und rauschendes (unten) Wasser in Planten un Blomen

Während die Kinder durch die Anlage tollen, schauen wir uns die Tropengewächshäuser an. Hier ist es auch im schmuddeligen Winter mollig warm, die Temperaturen zwischen 20 und 25 Grad Celsius lassen exotische Pflanzen aus aller Welt wachsen. Sowohl die Gewächshäuser als auch die benachbarten Mittelmeerterrassen stehen übrigens unter Denkmalschutz. Wir treffen unseren Nachwuchs am großen Spielplatz bei den Wallanlagen und sind jetzt am südlichen Ende von Planten un Blomen. Über den Ausgang „Große Wallanlagen" kommen wir, vorbei am U-Bahnhof St. Pauli, auf die Reeperbahn, die am Sonntagnachmittag ganz harmlos wirkt. Hier, bei **Schweinske** auf St. Pauli, gibt es nicht nur ab 11.30 Uhr durchgehend warme Küche, sondern für Kids auch lustige Gerichte wie „Miss Piggy", eine offene Showküche und einen Spielplatz im großen Biergarten.

NICHTS WIE HIN!

Hamburg Dungeon

Das Dungeon nimmt seine Besucher mit auf eine ebenso gruselige wie lustige Reise durch mehr als 600 Jahre Hamburger Geschichte. Shows mit echten Darstellern, aufregende Fahrattraktionen und moderne Special Effects garantieren schaurig-schöne 90 Minuten – so kann man sich auch bei schlechtem Wetter wunderbar die Zeit vertreiben.

Hamburg Dungeon
Kehrwieder 2
20457 Hamburg
Tel. 01806/66 69 01 40
www.thedungeons.com/hamburg
Öffnungszeiten: *Jan.–Juni, Sept.–Dez. tägl. 10–17 Uhr, Juli, Aug. tägl. 10–18 Uhr. Die Shows starten alle paar Minuten, ein Rundgang dauert etwa 1,5 Stunden.*
Eintritt: *siehe Website. Kinder bis einschließlich 14 Jahre nur in Begleitung eines Erwachsenen, Kinder unter 8 Jahren erhalten keinen Zutritt.*

Für die letzte Station unseres Hamburg-Besuchs haben wir Karten vorbestellt, der Andrang kann gerade am Wochenende sehr groß sein. Um in das **Miniatur Wunderland** zu gelangen, laufen wir entlang der Elbe in Richtung Osten, immer die Elbphilharmonie vor Augen. In der alten Speicherstadt wartet eine faszinierende Wunderwelt im Kleinstformat auf uns, mit 12.000 Wagen, einem 13 Kilometer langes Gleisnetz, 200.000 Figuren auf einer Fläche von 1.300 Quadratmetern und der Stadt Knuffingen mit einem modernen Flughafen.

Seit der Eröffnung im August 2001 wächst das Miniatur Wunderland beständig, zuletzt wurde der Bauabschnitt „Italien" fertiggestellt. Bis zum Jahr 2028 laufen die derzeitigen Baupläne, dann werden rund 900.000 Arbeitsstunden in der Wunderwelt stecken. Und wie viel – liebevolle – Detailarbeit sich hinter den Landschaften und Figuren verbirgt, erleben wir bei unserem Besuch direkt mit: Das Prinzip der „offenen Baustelle" ist ein weiterer Baustein der Faszination, die vom Miniatur Wunderland für große und kleine Besucher ausgeht.

Links unten Eisenbahn im Miniatur Wunderland
Rechts Die Spanische Treppe in Rom aus ganz neuer Perspektive im Miniatur Wunderland

NICHTS WIE HIN!

Duvenstedter Brook

Verwunschene Moore und Feuchtheiden, Bruchwälder, Bäche und Wiesen verleihen dem Duvenstedter Brook im Nordosten Hamburgs einen ganz besonderen Charakter. Das vom NABU Hamburg betriebene BrookHus am Eingang des 780 Hektar großen Naturschutzgebiets informiert mit einer Ausstellung über die Lebensräume der Tier- und mehr als 600 Pflanzenarten, die hier zu Hause sind. Ein Besuch im Duvenstedter Brook lohnt zu jeder Jahreszeit. Zu den Höhepunkten gehören der Kranichtanz im Frühjahr und die Brunft der Rot- und Damhirsche im Herbst.

Duvenstedter BrookHus
Duvenstedter Triftweg 140
22397 Hamburg
Tel. 040/60 72 46-6
www.hamburg.nabu.de
Öffnungszeiten: Febr., März, Nov. Sa
12–16 Uhr, So, Feiertage 10–16 Uhr,
Apr.–Okt. Di–Fr 14–17 Uhr, Sa
12–18 Uhr, So, Feiertage 10–18 Uhr

Kraniche beobachten im Duvenstedter Brook

ADRESSEN

Hamburger Tourist Information
Hauptbahnhof, Kirchenallee
20095 Hamburg
Tel. 040/30 05 17 01
www.hamburg-tourism.de

SEHENSWERT

Alter Elbtunnel
Bei den St. Pauli-Landungsbrücken 5
20359 Hamburg
Tel. 040/428 47 48 02
Öffnungszeiten: für Fußgänger und
Radfahrer durchgehend

Barkassen-Meyer
Bei den St. Pauli-Landungsbrücken 5a
20359 Hamburg
Tel. 040/31 77 37-0
www.barkassen-meyer.de
Zeiten Große Hafenrundfahrt: Apr.–Okt.
tägl. zwischen 10 und 17 Uhr, Nov.–März

tägl. zwischen 11 und 15 Uhr ca.
stündlich ab St. Pauli-Landungsbrücken,
Brücke 2 oder 6
Preise: Erwachsene 18 €, Kinder (bis 14
Jahre) 9 €, Kinder bis 4 Jahre kostenfrei,
Ermäßigungen auf Anfrage

Miniatur Wunderland
Kehrwieder 2, Block D
20457 Hamburg
Tel. 040/30 06 80-0
www.miniatur-wunderland.de
Öffnungszeiten: Mo, Mi, Do 9.30–18 Uhr,
Di 9.30–21 Uhr, Fr 9.30–19 Uhr, Sa
8–22 Uhr, So, Feiertage 8.30–20 Uhr. Am
Wochenende, an Feiertagen und während
der Schulferien kommt es regelmäßig zu
langen Wartezeiten. Daher empfiehlt es
sich, vorab Tickets über die Website zu
reservieren.
Eintritt: Erwachsene 13 €, Kinder unter
16 Jahren 6,50 €, Kinder unter 1 Meter
in Begleitung der Eltern frei

Museumshafen Övelgönne
Neumühlen
22763 Hamburg
Tel. 040/41 91 27 61
www.museumshafen-oevelgoenne.de
Öffnungszeiten: Mo, Di, Fr 10–12 Uhr, Mi
10–12 Uhr und 16–18 Uhr, Do 11–14 Uhr

Planten un Blomen
Eingang Stephansplatz
20354 Hamburg
www.plantenunblomen.hamburg.de
Öffnungszeiten: März–Okt. Mo–Fr
9–16.45 Uhr, Sa, So, Feiertage 10–17.45
Uhr, Nov.–Febr. Mo–Fr 9–15.45 Uhr, Sa,
So, Feiertage 10–15.45 Uhr
Eintritt: frei

Tierpark Hagenbeck
Lokstedter Grenzstraße 2
22527 Hamburg
Tel. 040/53 00 33-0
www.hagenbeck.de
Öffnungszeiten: 1. Jan.–3. März
9–16.30 Uhr, 4. März–30. Juni, 1.
Sept.–28. Okt. 9–18 Uhr, 1. Juli–31. Aug.
9–19 Uhr, 29. Okt.–2. März 9–16.30 Uhr
Tropen-Aquarium: tägl. 9–18 Uhr
Eintritt: (Kombi Zoo/Tropen-Aquarium)
Erwachsene 30 €, Kinder bis 16 Jahre
21 €, Familienkarte 1 (2 Erwachsene,
2 Kinder) 85 €, Familienkarte 2
(2 Erwachsene, 3 Kinder) 98 €

LECKER

Schweinske St. Pauli
Reeperbahn 157
20359 Hamburg
Tel. 040/33 39 67 70
www.schweinske.de/restaurants/
schweinske-st-pauli/
Öffnungszeiten: Mo–Sa 9–24 Uhr,
So, Feiertage 0–24 Uhr

Strandperle Övelgönne
Oevelgönne 60
22605 Hamburg
Tel. 040/88 09 95 08
www.strandperle-hamburg.de
Öffnungszeiten: Mo–Do 10–23 Uhr,
Fr 10–24 Uhr, Sa 9–24 Uhr, So 9–23 Uhr

Lübeck

Lübeck – das heißt Thomas Mann und die Buddenbrooks, prächtige alte Kirchen, geheimnisvolle Gänge, Lübecker „Rotspon" und das weltberühmte Holstentor. Lübeck heißt vor allem auch Marzipan, das Jung und Alt auf dem Weihnachtsmarkt vor historischer Kulisse besonders gut schmeckt. Unsere Kinder wittern das Meer, Travemünde und die Ostsee sind nicht weit. Also nichts wie hin!

TOUR 1

Lebendige Geschichte – das Europäische Hansemuseum

Die Hanse ist unseren Kindern bislang nur dadurch bekannt, dass sie die Erklärung für merkwürdige Autokennzeichen liefert. Ein solches haben auch in Lübeck angemeldete Autos – „HL" für Hansestadt Lübeck – und da muss diese merkwürdige Hanse hier wohl eine wichtige Rolle gespielt haben. Hat sie auch, und deshalb schauen wir uns zunächst einmal das **Europäische Hanse-museum** an, das 2015 eröffnet wurde und das weltweit größte Museum über die Geschichte dieses zwischen dem 13. und 17. Jahrhundert enorm erfolgreichen Handelsbündnisses ist.

Der Museumshafen vor den historischen Fassaden der Lübecker Altstadt

Junge Händlerinnen am „Handelsplatz Brügge" im Hansemuseum

Dafür fahren wir vom Hauptbahnhof mit der Buslinie 7 in nur sieben Minuten zur Station „Hansemuseum". Am Eingang, den wir über eine lange Treppe von der Untertrave erreichen, holen wir das Familienquiz für Ausstellungsentdecker. Wenn unsere Kinder nach dem Museumsrundgang alle Aufgaben erfüllt haben, dürfen sie sich als geprüfte Nachwuchs-Kauffrau bzw. -Kaufmann einen Preis abholen. Das wird ihnen am Ende gelingen – und wir sind natürlich stolz.

Doch auch ohne Quiz ist der Besuch des Hansemuseums keine Sekunde langweilig. Nachdem wir mit einem gläsernen Fahrstuhl in die „Unterwelt" gefahren sind, geht es Schlag auf Schlag: Wir sehen spannende Ausgrabungsfunde wie eine alte Kloake und den Nachbau einer historischen Kogge, auf denen die Seefahrer der Hanse Waren über die Meere transportierten und dabei permanent vor Piraten auf der Hut sein mussten. Räume voll mit Stoffen, Gewürzen und anderen Produkten, mit denen die

DAG
OCK!

Links *Ganz schön stabil, so eine alte Rüstung*
Rechts *Das TheaterFigurenMuseum liegt in der Altstadt.*

Kaufleute der Hanse Handel trieben. Wir erfahren, wie die Pest damals in Europa wütete und dass am jährlichen „Hansetag" unter anderem Schwan serviert wurde – bäh!

Zum Museum gehört ein ehemaliges Burgkloster, über Jahrhunderte Sitz des Dominikanerordens und später ein Gefängnis. Hier faszinieren uns besonders die Mönche aus Wachs, die lebensecht und deshalb fast ein wenig gruselig wirken. Direkt über den früheren Gefängnishof gehen wir schließlich ins **Café Fräulein Brömse**, wo wir bei Kakao und Kuchen die letzten offenen Quizfragen beantworten und die Kinder auf dem Spielplatz toben.

Jetzt ist uns warm, nicht allein wegen des Tobens. Heute scheint die Sonne, darauf haben wir uns eingestellt und unsere Schwimmsachen dabei. Zu den Attraktionen Lübecks gehören nämlich mehrere Naturschwimmbäder direkt an der Wakenitz – mehr zu diesem Fluss hält unsere zweite Tour parat. Heute haben wir uns für das **„Marli"** entschieden. Dafür halten wir uns nach dem Verlassen des Museums rechts, gehen über die Burgtorbrücke und biegen dann wieder rechts in die Roeckstraße ab. Der folgen wir ein Stück, nehmen dann rechts den Fußweg in den Drägerpark, wo nach rund 20 Minuten Gehzeit endlich die ersehnte Erfrischung auf uns wartet.

Das „Marli" wurde bereits 1905 eröffnet und erfreut sich seither ungebrochener Beliebtheit. Das können wir gut verstehen angesichts der großen Strand- und Rasenflächen, des sauberen und weichen Wassers der Wakenitz und der unbezahlbaren Lage mit Blick auf die von Kirchtürmen geprägte Lübecker Stadtsilhouette. Für unsere Kinder ist das Bad in einem Fluss mitten in der Stadt ein besonderes Erlebnis. Die Lübecker sind um einiges zu beneiden – das „Marli" gehört mit Sicherheit dazu, ebenso wie die beiden anderen Naturbäder „Falkenwiese" und „Eichholz".

Unser letztes Ziel heute ist das **TheaterFigurenMuseum** mit dem benachbarten **Figurentheater**. Dafür nehmen wir am „Dräger

park" die Buslinie 4 und steigen nach gut zehn Minuten an der Station „Schüsselbuden" aus. Dann laufen wir die Holstenstraße in Richtung Holstentor, biegen links in den „Kolk" und sind nach weiteren fünf Minuten Fußweg da. Das in fünf pittoresken, rund 400 Jahre alten Altstadthäusern untergebrachte Museum soll eine der weltweit größten Sammlungen von Theaterfiguren, Requisiten, Plakaten und Drehorgeln beherbergen. Und in der Tat können wir uns kaum vorstellen, dass an einem anderen Ort mehr spannende Exponate aus aller Welt zum Thema Puppentheater zusammengetragen wurden. Keine Frage, dass wir uns anschließend im Figurentheater nebenan mit dem Stück „Die Prinzessin auf der Erbse" gern von dieser wunderbaren Kunstform faszinieren lassen.

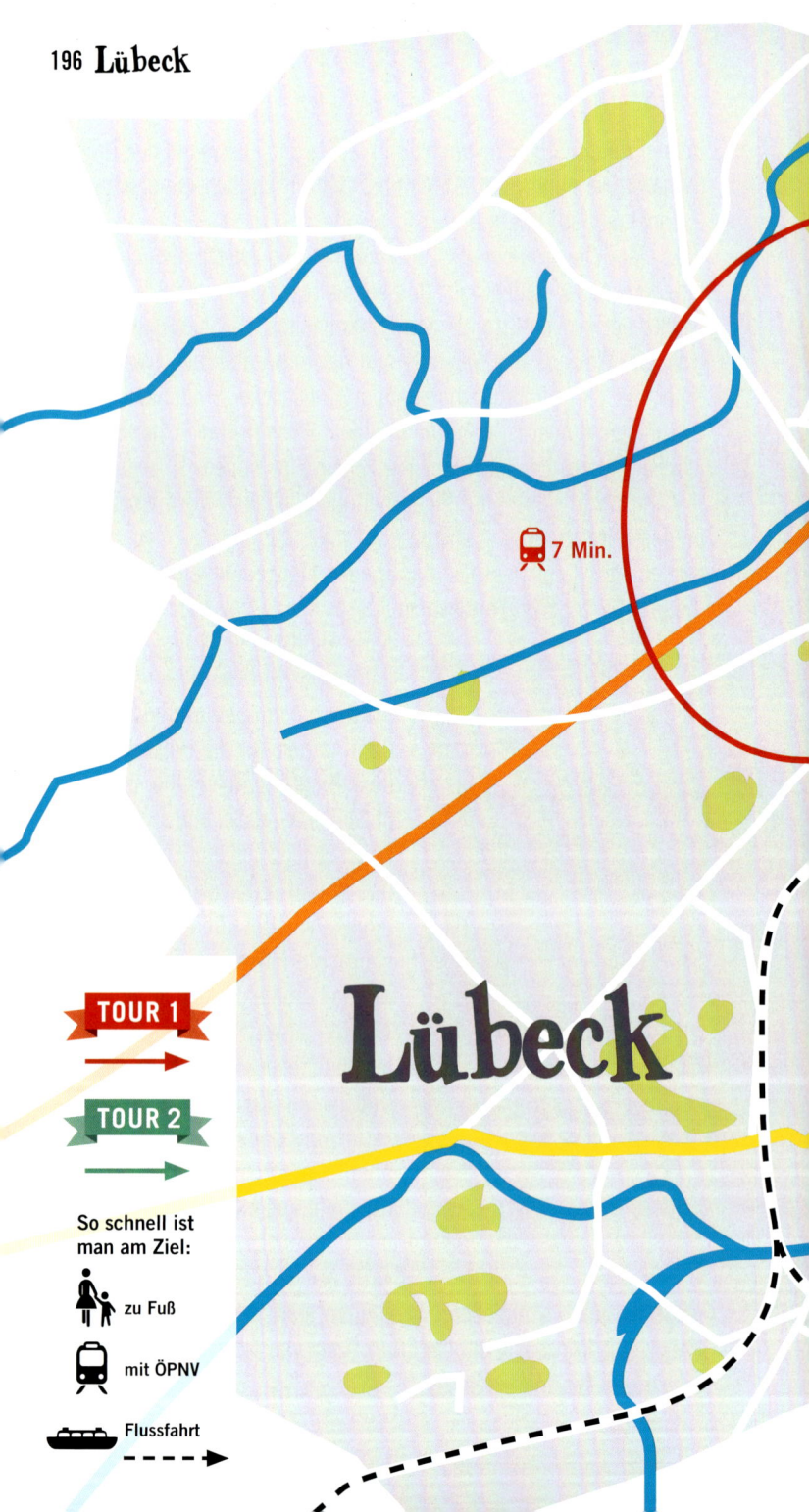

7 Min.

Lübeck

TOUR 1

TOUR 2

So schnell ist
man am Ziel:

zu Fuß

mit ÖPNV

Flussfahrt

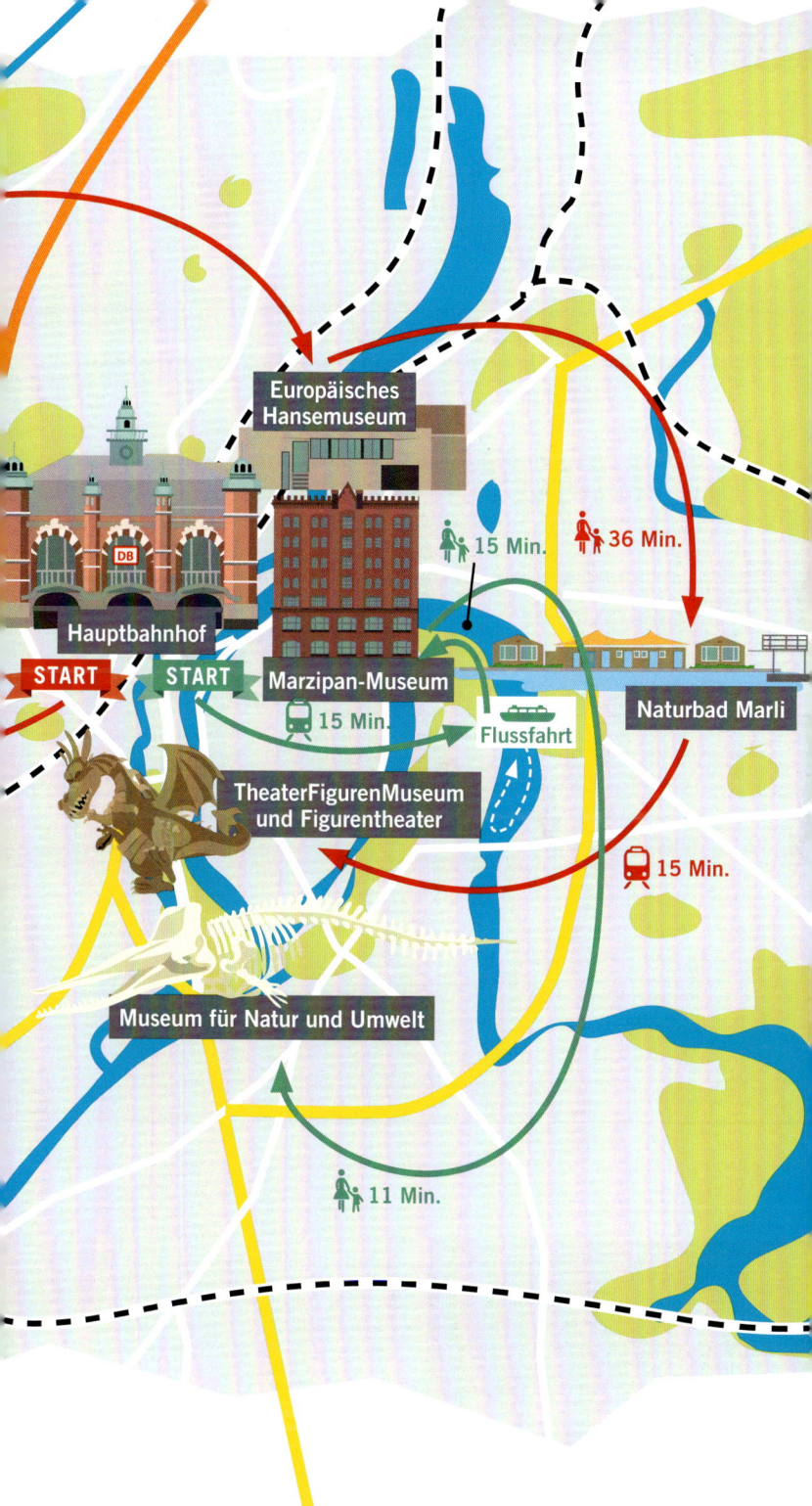

Europäisches
Hansemuseum

Hauptbahnhof

START

START

Marzipan-Museum

🚊 15 Min.

👩‍🦰 15 Min.

👩‍🦰 36 Min.

Naturbad Marli

Flussfahrt

🚊 15 Min.

TheaterFigurenMuseum
und Figurentheater

Museum für Natur und Umwelt

👨‍👧 11 Min.

Wusstet Ihr, …

… dass die rot-weiß-gestreiften Kegel zur Absperrung im Straßenverkehr in Lübeck erfunden wurden und deshalb auch „Lübecker Hütchen" genannt werden?

… dass es zwischen den Häusern der Lübecker Innenstadt heute noch mehr als 100 schmale und geheimnisvolle Gänge gibt? Und dass die Kinder, die dort früher lebten und spielten, „Gangbutscher" genannt wurden?

Das Holstentor bei Nacht

GUTE NACHT!

Phönix Hotel Alter Speicher

Im Herzen der Lübecker Altstadt, nur rund 15 Gehminuten vom Hauptbahnhof entfernt, empfängt das Hotel Alter Speicher seine Gäste. Verschiedene Arrangements machen es einfach, Lübeck und die nähere Umgebung zu entdecken. Im familienfreundlichen Vier-Bett-Zimmer sind zwei Kinder bis zu 6 Jahren kostenlos dabei.

Beckergrube 91–93, 23552 Lübeck
Tel. 0451/71 04-5
www.hotel-alter-speicher-luebeck.de

Hotel Atlantic

Im Schatten der Petrikirche liegt das Hotel Atlantic in der berühmten Lübecker Altstadt. Die geräumigen Familienzimmer ermöglichen einen entspannten Aufenthalt. Die Kinder schlafen auf einer Schlafcouch oder in einem Kinderbett und werden im Restaurant mit einem altersgerechten Frühstück beglückt. Spielzeugkisten können kostenfrei ausgeliehen werden und mit dem Zimmerschlüssel haben Familien im Rahmen der Öffnungszeiten direkten Zugang vom Hotel zum Lübecker Zentralbad (Eintrittskarten gibt es an der Hotelrezeption).

Schmiedestraße 9–15, 23552 Lübeck
Tel. 0451/38 47 90
www.atlantic-hotels.de/hotel-luebeck

Auf großer Wakenitz-Fahrt

Marzipan nach Flussfahrt –
Schlemmen bei Niederegger

Kurz, aber oho: Die Wakenitz ist ein ganz besonderer Fluss. Sie ist der natürliche Abfluss des Ratzeburger Sees und mündet nach nur 15 Kilometern in Lübeck in den Elbe-Lübeck-Kanal. Da ein großer Abschnitt der Wakenitz früher die deutsch-deutsche Grenze bildete, hat sich dort eine weitgehend unberührte Naturlandschaft entwickelt – weshalb die Wakenitz auch „Amazonas des Nordens" genannt wird. Den wollen wir uns auf einer **Flussfahrt** anschauen. Dafür fahren wir mit der Buslinie 5 in zehn Minuten vom Hauptbahnhof zur Station „Moltkestraße". Von dort sind es noch fünf Minuten Fußweg zur Moltkebrücke, wo unser Schiff der Reederei Quandt starten soll.

Die rund dreieinhalbstündige Fahrt führt uns bis zum Fährhaus Rothenhusen am Nordufer des Ratzeburger Sees. Zunächst einmal geht es vorbei an einigen alten Fischerhorsten, in denen

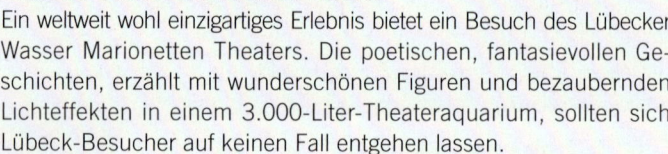

NICHTS WIE HIN!

Lübecker Wasser Marionetten Theater

Ein weltweit wohl einzigartiges Erlebnis bietet ein Besuch des Lübecker Wasser Marionetten Theaters. Die poetischen, fantasievollen Geschichten, erzählt mit wunderschönen Figuren und bezaubernden Lichteffekten in einem 3.000-Liter-Theateraquarium, sollten sich Lübeck-Besucher auf keinen Fall entgehen lassen.

Lübecker Wasser Marionetten Theater
Kanalstraße 108, 23552 Lübeck
Tel. 0451/29 37 58-1
www.wassertheater.de

Links *Trollalarm im Elchwald* **Rechts** *Pirat Eberhard auf Kaperfahrt*

mittlerweile Ausflugslokale auf Gäste warten. Bald wird der Auenwald dichter und der Fluss bildet durch Aufstauungen eine regelrechte Seenlandschaft. Es ist tatsächlich ein wenig wie im südamerikanischen Regenwald, denken wir (obwohl wir noch nie dort waren). Dass es im Wasser unter uns kapitale Welse geben soll, finden unsere Kinder ziemlich gruselig. Dafür bewundern sie den Eisvogel, der wie ein blauer Edelstein an uns vorbeifliegt. Am östlichen Ufer entdecken wir drei Straußenvögel – wie bitte? Das sind Nandus, die 2001 aus einem Freigehege bei Lübeck ausgebüxt sind und sich seither in Freiheit pudelwohl fühlen.

Zurück in Lübeck wird es auch von oben feucht. Die Stadt ist zwar selbst im Regen schön, aber wir wollen ungern nass werden. Deshalb suchen wir Unterschlupf, und zwar stilecht im **Café Niederegger**. Dafür spannen wir unsere Schirme auf, überqueren einen Travearm auf der Rehderbrücke, biegen anschließend gleich rechts in die Straße „An der Mauer" ab, halten uns sofort wieder links und laufen durch die Hüxstraße mit ihren vielen kleinen Kneipen und Geschäften in die Breite Straße, wo wir das Café Niederegger nach einer Viertelstunde erreichen. Hier sitzen wir im Trockenen, genießen die Vielfalt der unglaublich leckeren Marzipanspezialitäten und lassen uns sogar noch im kleinen **Marzipan-Museum**, das sich im zweiten Stock des Cafés befindet und während der Öffnungszeiten frei zugänglich ist, in die Geheimnisse dieser Köstlichkeit aus Mandeln, Zucker und Rosenwasser einführen.

Ein Klassiker im traditionsreichen Café Niederegger – die Marzipantorte

Ein wenig Zeit haben wir noch. Deshalb laufen wir die süßen Kalorien auf einem zehnminütigen Fußmarsch zum **Museum für Natur und Umwelt** ab. Über Breite Straße, Pferdemarkt und Parade geht es in Richtung Süden, immer den Dom vor Augen. Den lassen wir links liegen und biegen anschließend gleich links in die Straße „Musterbahn" ein, wo das Museum seinen Sitz hat. Hier warten nicht nur Walknochen auf uns, hier können wir auch unsere noch junge Begeisterung für die Wakenitz in der Gewässerausstellung vertiefen und einem Bienenvolk bei der Arbeit zusehen. Ein schöner Abschluss.

Oben links Wakenitzdiorama im Museum für Natur und Umwelt
Unten links Blick auf den Museumshafen
Rechts Der Turm der Petrikirche

ADRESSEN

Tourist-Information Lübeck
Holstentorplatz 1
23552 Lübeck
Tel. 0451/88 99 70-0
www.luebeck-tourismus.de

SEHENSWERT

Europäisches Hansemuseum
An der Untertrave 1
23552 Lübeck
Tel. 0451/80 90 99-0
www.hansemuseum.eu
Öffnungszeiten: Apr.–Okt. tägl.
10–18 Uhr, Nov.–März tägl. 10–17 Uhr
Eintritt: Erwachsene 12,50 €, erm. 11 €,
Kinder (6–16 Jahre) 7,50 €, Familienticket klein (1 Erwachsener + Kinder)
18,50 €, Familienticket groß
(2 Erwachsene + Kinder) 31 €

Figurentheater Lübeck
Kolk 20–22
23552 Lübeck
Tel. 0451/70 06-0
www.figurentheater-luebeck.de

Museum für Natur und Umwelt
Musterbahn 8
23552 Lübeck
Tel. 0451/12 24 12-2
www.museum-fuer-natur-und-umwelt.de
Öffnungszeiten: Di–Fr 9–17 Uhr,
Sa, So 10–17 Uhr
Eintritt: Erwachsene 6 €,
erm. 3 €, Kinder 2 €

Naturbad Marli
Alexanderstraße
23556 Lübeck
Tel. 0451/63 87-7
Öffnungszeiten: 15. Mai–15. Sept.
tägl. 10.30–19.30 Uhr
Eintritt: Erwachsene 2 €,
Kinder/Jugendliche 1 €

TheaterFigurenMuseum Lübeck
Kolk 14
23552 Lübeck
Tel. 0451/78 62-6
www.theaterfigurenmuseum.de
Öffnungszeiten: 1. Jan.–31. März
Di–So 11–17 Uhr, 1. Apr.–31. Okt. tägl.
10–18 Uhr, 1.–30. Nov. Di–So 11–17 Uhr,
1.–31. Dez. tägl. 11–17 Uhr
Eintritt: Erwachsene 7 €, erm. 3,50 €,
Kinder (6–12 Jahre) 2,50 €

Wakenitz-Schifffahrt Quandt
Wakenitzufer 1c
23564 Lübeck
Tel. 0451/79 38 85
www.wakenitzfahrt.de
Rundfahrt Lübeck – Rothenhusen –
Lübeck ca. 3,5 Std. ohne Aufenthalt
Preise (Hin- und Rückfahrt):
Erwachsene 17,50 €, Kinder bis
15 Jahre 12,50 €

LECKER

Café Niederegger
Breite Straße 89
23552 Lübeck
Tel. 0451/53 01-126
www.niederegger.de
Öffnungszeiten: Mo–Fr 9–19 Uhr,
Sa 9–18 Uhr, So 10–18 Uhr

Café Fräulein Brömse
An der Untertrave 1
23552 Lübeck
Tel. 0451/80 90 99 48
www.hansemuseum.eu/museums-besuch/
fraeulein-broemse/
Öffnungszeiten: tägl. 9.30–18 Uhr

204

BILDNACHWEIS

AirHop GmbH: S. 138 o.; Augsburger Puppenkiste/Elmar Herr: S. 32 u.; Bavaria Filmstadt: S. 19; Bayerische Schlösserverwaltung: S. 72 u.; Bayerische Schlösserverwaltung/Anton Brandl: S. 70 u.; Botanischer Garten Augsburg/Jürgen Lerch: S. 31; BVB/A. Simons: S. 145 u.; Carl-Zeiss-Planetarium Stuttgart: S. 37; Congress Tourismus Würzburg/A. Bestle: S. 72 o., DASA: S. 150 u.; DAV Kletter- und Boulderzentrum: S. 20; DB Museum/Mike Beims: S. 54 l.; Deutsches Museum: S. 13; Dittmann, Antje: S. 175; Döring, Sven: S. 120 r., 121 u., 124; Dortmund Agentur/ Stefanie Kleemann: S. 142–143, 144; Dortmund Agentur/Mandana Maget: S. 148; eKart-Center/Mainfranken Motodrom: S. 76, 77; Erlebniszoo Hannover: S. 161, 163 o.; fotolia/ acnaleksy: S. 192–193; fotolia/ArTo: S. 106–107; fotolia/Daniel Smolcic: S. 34–35; fotolia/ den-belitsky: S. 8–9; fotolia/eyetronic: S. 58–59 o.; fotolia/JFL Photography: S. 70–71, S. 166–167; fotolia/Norbert Wilhelmi: S. 120 l.; fotolia/pia-pictures: S. 163 u.; fotolia/ pure-life-pictures: S. 118–119; fotolia/rcfotostock: S. 94–95; fotolia/Rolf G. Wackenberg: S. 64; fotolia/Sergii Figurnyi: S. 10–11; fotolia/Stadtblick Stuttgart: S. 40; fotolia/Tobi-lander: S. 116; Fuchs, Joachim: S. 84 o.; Galli Theater Erfurt: S. 109 o.; Glowing Rooms: S. 97 u.; Grugapark Essen: S. 137, 138 u., 140; Hamburg Dungeon: S. 188 o.; Henke, Daniel: S. 119 u.; HMTG/Martin Kirchner: S. 164 o.; HMTG/Nick Barlo: S. 156 o.; HMTG/Wyrwa: S. 154–155; Jardner, Karlheinz: S. 149; John, Tina: S. 22–23; kinder museum frankfurt/ Stefanie Kösling: S. 91; KOBALT Figurentheater Lübeck: S. 200; Krüger, Thorsten: S. 202 u. l.; Kruschel, Reinhard: S. 202 u. r.; Landeshauptstadt Erfurt/Stadtverwaltung: 107 u., 109 u., 113; Landesmuseum Württemberg/H. Zwietasch: S. 41; Malzahn, Olaf: S. 193 u., 194; Media-server hamburg.de/Andreas Vallbracht: S. 181 u.; Mediaserver hamburg.de/Jörg Modrow: S. 178–179; Mediaserver hamburg.de/Thomas Gramlow: S. 180; Miniatur Wunderland: S. 188 u., 189; Miguletz, Norbert: S. 89 o.; M!ND/Daniel Peter: S. 78, 79; Museen der Stadt Nürnberg/ Stefan Meyer: S. 55; Museum für Energiegeschichte/Michael Siebert: S. 162; Museum für Franken/T. Obermeier: S. 73 u. r.; Museum für Kommunikation/Michael Ehrhart: S. 54 r.; Museum für Natur und Umwelt Lübeck: S. 202 u. l.; Naturkundemuseum Erfurt: S. 108; Niederegger GmbH: S. 201; Nupnau, Manfred: S. 198; Oberthuer, Karl-Ludwig: S. 121 o.; Ostermeier, Dirk: S. 90; Palmengarten Frankfurt: S. 84 l. u., 85 l.; Phänomenia/Volker Hartmann: S. 139; Pieper, Bernd: S. 10 u., 12, 16, 17, 24, 28, 32 o., 35 u., 42, 43, 46–47, 48, 49, 53, 56, 60, 66 u., 73 u. l., 80, 83 u., 88, 92, 96, 100, 101 o.; 103, 104, 114, 155, 156 u., 160, 164 u., 168, 169, 172, 173, 176 o., 181 o. und Mitte, 186 u., 187, 195, 199; Planetarium Mannheim: S. 65; Preiss, Antje: S. 85 r.; Priebe, Ilona: S. 102; Red Dot Design Museum: S. 132 r.; Regio Augsburg Tourismus GmbH: S. 30; Roselieb, Bernd Photographie: S. 7; Sauermilch, Sabine C.: S. 115; Schokoladenmuseum Köln: S. 101 u.; Schneider, Klaus-Peter: S. 152; Schwabe-Scharmann, Claudia: S. 143; SEA LIFE Hannover: S. 157; Seng, Lys Y.: S. 68; Sensapolis/Reiner Pfisterer: S. 44 o.; SDTB/C. Kirchner: S. 174; Stadt Dortmund/Anneke Wadenbach: S. 145 o.; Stadt Essen/Elke Brochhagen: S. 133; Stadt Frankfurt am Main/Tanja Schäfer: S. 82–83; Stiphout, Sebastian: S. 29; Stadtmarketing Mannheim GmbH: S. 66; Sturm, Maren: S. 25; Tack, Jochen: S. 130–131, 132 l.; Technische Sammlungen Dresden/Carla Arnold: S. 125, 126; Technoseum/Klaus Luginsland: S. 61; Tierpark Hagenbeck: S. 185; Tierpark Hagenbeck/Toni Gunner: S. 186 o.; Tierpark Hellabrunn/Daniela Hierl: S. 18 o.; Tierpark Hellabrunn/Jörg Koch: S. 18 u.; Verkehrsmuseum Dresden: S. 128; Wahlbrink, Andreas: S. 150 o.; Walther, Rolf: S. 89 u.; Wesolowski, Krzysztof: S. 190; Wilhelma Stuttgart: S. 36; Zoo Berlin: 176 u.; Zoologischer Garten Köln: S. 97 o.

Umschlagrückseite: oben: Tanja Schäfer, Mitte links: Tierpark Hagenbeck, Mitte rechts: Congress Tourismus Würzburg/A. Bestle
Vordere Umschlagklappe: DB Fernverkehr AG
Hintere Umschlagklappe: oben: Cornelia Berner, unten: DB Fernverkehr AG
Innere Umschlagseite vorne: oben rechts/unten links: DB Fernverkehr AG, ICE-Illustration: Sascha Wüstefeld
Innere Umschlagseite hinten: „der kleine ICE"-Illustration: Sascha Wüstefeld